文史哲學集成

謝海平著

唐代詩人與在華外國人之文字交

文史哲出版社印行

唐代詩人與在華外國人之文字交 / 謝海平著. --
初版 --臺北市：文史哲, 民 105.01 印刷
頁; 21 公分 (文史哲學集成；59)
ISBN 978-957-547-267-2（平裝）

文史哲學集成 59

唐代詩人與在華外國人之文字交

著　者：謝　海　平
出版者：文　史　哲　出　版　社
http:// www.lapen.com.tw
e-mail：lapen@ms74.hinet.net
登記證字號：行政院新聞局版臺業字五三三七號
發行人：彭　正　雄
發行所：文　史　哲　出　版　社
印刷者：文　史　哲　出　版　社
臺北市羅斯福路一段七十二巷四號
郵政劃撥帳號：一六一八〇一七五
電話886-2-23511028・傳真886-2-23965656

實價新臺幣二八〇元

一九八一年（民七十）六月初版
二〇一六年（民一〇五）一月（BOD）初刷

ISBN 978-957-547-267-2　00059

序

近體詩及傳奇小說爲唐代文學園囿中之兩朵奇葩，留寓在華外國人衆多及人民生活偶趨胡化，則爲唐代社會之特殊現象。由於外國人物充斥，文學作品中出現外國人之情形極其普遍，傳奇小說以其人爲主角者，如裴鉶傳奇中之「崑崙奴」，袁郊甘澤謠中之「陶峴」，均膾炙人口；詩歌以其人之生活情況爲主題者，如李白之「上雲樂」、李益之「登夏州觀送行人賦得六州胡兒歌」，亦傳誦一時。「文學爲社會現實反映」之理論，似可以此爲證。

部份流寓李唐之外籍人士與詩人有接觸機會，因而結文字之交。此類交往，於外國人而言，爲學習語言文字及提高學術素養之手段；於唐代詩人而言，則爲擴充詩歌內容與弘揚文化理想之實現。故探究詩人與外國人之文字交，不特可深入了解二者之生活實況，且唐詩傳播海外及中華文化擴張之軌跡，亦可因而尋得。

本論文共分爲五部分：第一部分導論，闡明寫作動機及取材標準；第二、三、四部分分別探討唐代詩人與流寓我國之西域人、日本人、新羅人之文字交往情形；第五部分結論，就詩人投贈外國人詩篇作整體之比較歸納。

本論文自定題、整理資料以迄完成，歷時兩載，個人用功既淺，學識亦陋，疏忽舛誤在所難免，博雅君子，幸垂教焉。

唐代詩人與在華外國人之文字交　目次

序……一
導　論……一
第一章　唐代詩人與在華西域人之文字交……九
第一節　與西域文士、樂伎之文字交……九
第二節　與西域僧侶之文字交……三一
第二章　唐代詩人與在華日本人之文字交……六一
第一節　與日本使節、文士之文字交……六一
第二節　與日本僧侶之文字交……七八
第三章　唐代詩人與在華新羅人之文字交……一〇三
第一節　與新羅使節、文士之文字交……一〇三

一、使節部份……一〇五
二、文士部份……一一〇
第二節 與新羅僧侶之文字交……一三二
結 論……一四九
引用參考書目……一六九

導論

昔王靜安先生稱一代有一代之文學，詩者，有唐一代之文學也①。李唐開國之初，卽以聲律取士，於是國之俊彥，於詩道莫不旣專且勤，以求進身宦達；而日常生活，若親朋贈答、殿堂唱和、卽事感懷、觸物寓興，一均託之以詩。詩篇興、觀、群、怨之效，已無所遺。梁鍾嶸云：「嘉會寄詩以親，離群託詩以怨。至于楚臣去境，漢妾辭宮；或骨橫朔野，或魂逐飛蓬；或負戈外戍，殺氣雄邊，塞客衣單，孀閨淚盡；或士有解佩出朝，一去忘返；女有楊娥入寵，再盼傾國。凡斯種種，感蕩心靈，非陳詩何以展其義，非長歌何以騁其情？」②其時詩篇之爲用可謂至廣，然就唐人詩作包羅萬象之情形而言，則唐詩爲用之寘，尙有超越乎前代者焉！

吟詠諷誦旣爲李唐文人生活之主要節目，騷人雅士，蓋至家家有製，人人有集，流傳作品之多，至爲驚人。清康熙年間編成之全唐詩，凡收詩人二千二百餘人之作品四萬八千餘首，其後日人何世寧復蒐輯遺漏，都爲三卷，名曰全唐詩逸。及乎近世，文獻流通旣廣，遺珠間出，如新羅留唐學生崔致遠桂苑筆耕集③及韓國舊史三國史記④所載詩篇，多全唐詩及詩逸兩書所未收，則現存唐人詩篇，總數蓋已逾四萬九千首。然此一數目較之已軼詩作，又不過十之二三而已，有唐詩道之盛，可以見矣。

我國國力，在李唐時代擴張至於極點，文化隨之播散，詩篇亦盛傳四裔；又因對外交通暢達無阻，都市發展與文化吸引，及李唐政府政策性之推動，來華外國人之衆，幾至全國三分之一都市均曾發現其人蹤跡⑤。此等外國人受唐代文化潮流之驅，亦有深通翰墨，長於吟詠者，如日本人晁衡，新羅人崔致遠、金可紀，波斯人李珣⑥等，其人或入仕於唐，或以賓貢登第，以詩文著名，均與唐代詩人有所交往；至若職司譯事之胡僧如利涉、寶月，長於天文若迦葉志忠、隱居九華若金地藏、入唐宿衞若金立之者，亦有足堪諷誦之詩歌流傳。全唐詩卷八〇八利涉「譏韋玎吟以韋字爲韻」云：

我之佛法是無爲，何故今朝得有爲。無韋始得三數載，不知此後是何韋。

按利涉係西域婆羅門僧，從玄奘三藏入中國⑦，開元（七一三～七四一）中在長安安國寺講華嚴經。此詩作於開元初，秘校韋玎奏釋道二教蠹政，欲與定勝負。帝集三教內殿，玎與涉辯，理屈，涉以韋字爲韻揭調長吟以諷之⑧。寶月詩存一首，亦見全唐詩卷八〇八，題爲「行路難」，詩云：

君不見孤雁關外發，酸嘶度楊越。空城客子心腸斷，幽閨思婦氣欲絕。凝霜夜下拂羅衣，浮雲中斷開明月。夜夜遙遙徒相思，年年望望情不歇。取我匣中青銅鏡，情人爲我除白髮。行路難，行路難，夜聞南城漢使度，使我流淚憶長安。

寶月亦西域僧，玄宗開元十二年（七二四）在洛陽大福先寺與中印度沙門善無畏譯經四部一十四卷⑨。此詩富於比興，充滿思鄉幽怨之情，若隱去姓名，蓋無人敢斷其出於胡僧之手。

迦葉志忠曾於中宗神龍三年（七〇七）表上桑條歌十二篇，言韋后當受命⑩，今桑條歌歌詞已佚，志忠所上表則見收於全唐文卷二七六，表云：

昔高祖受命時，天下歌桃李子；太宗未受命時，天下歌秦王破陣樂；高宗未受命時，天下歌側堂堂；天后未受命時，天下歌武媚娘。伏惟應天皇帝未受命時，天下歌英王石州；順天皇后未受命時，天下歌桑條韋闋。五行六合之內，齊首蹀足，應四時八節之會，歌舞同歡，豈與夫簫韶九成，百獸率舞同年而語哉！伏惟皇后，帝女之精，合爲國母，主蠶桑以安天下，后妃之德，於斯爲盛。謹進桑條歌十二篇，伏請宣佈中外，進入樂府，皇后先蠶之時，以享宗廟。

按迦葉氏系出天竺⑪，唐時天竺曆流行於中國者三家，迦葉氏其中之一⑫，志忠於中宗時官右驍衞將軍兼知太史事，曾於景龍元年（即神龍三年，七〇七）五月受武三思唆使，以天文傳會獻訣，獲中宗賞賜⑬。其「進桑條歌表」雖屬官樣文章，然用事得體，條理分明，可見志忠長於爲文。至金地藏存「送童子下山」詩一首，見唐詩紀事卷七十三⑭。詩云：

空門寂寞汝思家，禮別雲房下九華。愛向竹欄騎竹馬，懶於金地聚金沙。添瓶澗底休招月，烹茗甌中罷弄花。好去不須頻下淚，老僧相伴有煙霞。

按金地藏本新羅王子，開元末落髮航海入唐，隱居九華山，苦行潛修，肅宗至德（七五六～七五七）後稍知名，徒衆爲建化成寺，德宗貞元十年（七九四）卒，年已逾百⑮。此詩蓋其晚歲所作，味「老僧相伴有煙霞」語，知其遠離塵俗而漸有仙心。

金立之詩見於日人河世寧所輯「全唐詩逸」卷中，未見完篇，唯存零句。然吉光片羽，尤足珍惜。其遺句云：

煙破樹頭驚宿鳥，露凝苔上暗流螢。（秋夜望月）
山人見月寧思寢，更掬寒泉滿手霜。（峽山寺玩月）
紺殿雨晴松色冷，禪林風起竹聲餘。（贈青龍寺僧）
風過古殿香煙散，月到前林竹露清。（宿風德寺）
更有閒宵清淨境，曲江澄月對心虛。（贈僧）
寒露已催鴻北去，火雲漸散月西流。（秋夕）

園梅坼申迎春笑，庭草抽心待節芳。（早春）

金立之，新羅人，唐敬宗寶曆元年（八二五），即新羅憲德王十七年五月，隨新羅使金昕入唐，遂留宿衞⑯。其詩筆觸細膩，情致幽遠。

由此可知，來唐之外國人，不乏頗具文學素養者。其人中有若干特獲唐人青睞，與結文字之交，或以詩歌投贈送別，或相爲聯句。彼此交往之因緣，若能略加考按，則不特詩之本事得以發明，有助於對唐代詩人及留華外國人生活之了解。且唐詩因應用於日常生活而播傳四裔之跡，亦由是可尋，對文學史之研究，不無助益焉。

因就全唐詩及有關典籍中搜得可爲詩人與外國人交往證據之詩篇或詩序共九十首，就其可考者詳爲考析。至於唐詩雖涉及外國人物，然非投贈、送別之類確乎爲文字交往遺墨者，則不取焉。如全唐詩卷五五四項斯「日東病僧」云：

雲水絕歸路，來時風送船。不言身後事，獨坐病中禪。深壁藏燈影，空窗出艾煙。已無鄉土信，起塔寺門前。

此詩雖詠日東病僧，然未以之相贈，不足作項斯與其人文字交往之證。又全唐詩卷八三二貫休「遇五天僧入五臺五首」云：

十萬里到此，辛勤詎可論。唯云吾上祖，見買給孤園。一月行沙磧，三更到鐵門。白頭鄉思在，迴首一銷魂。

雪嶺頂危坐，乾坤四顧低。河橫于闐北，日落月支西。水石香多白，猿猱老不啼。空餘忍辱草，相對草萋萋。

遠禮清涼寺，尋眞似善才。身心無所得，日月不將來。白疊還圖象，滄溟亦汎杯。唐人亦何幸，處處覺花開。

塗足油應盡，乾陀帔半隳。辟支迦狀貌，刹利帝家兒。結印魔應哭，遊心聖不知。深嗟頭已白，不得遠相隨。

送印經幾國，多化帝王心。電激青蓮目，環垂紫磨金。眉根霜入細，梵夾蠹難侵。必似陀波利，他年不可尋。

是五首蓋貫休遇天竺僧侶禮拜五臺有感而作，詩題及內容均未提及是否以之相贈，無法據斷彼此遂結文字之交。又全唐詩卷三七一呂溫「蕃中答退渾詞」二首云：

退渾兒，退渾兒，朔風長在氣何衰。萬群鐵馬從奴虜，強弱由人莫歎時。

退渾兒，退渾兒，冰消青海草如絲。明堂天子朝萬國，神島龍駒將與誰。

按呂溫係呂渭長子，字化光，貞元二十年（八〇四）冬，副工部侍郎張薦爲入吐蕃使，次年德宗晏駕，順宗即位，張薦卒於青海。吐蕃以中國喪亂，留溫經年，至元和元年（八〇六）

始放還⑰。此詩原序云：「退渾種落盡在，而爲吐蕃所鞭撻，有譯者訴情於予，故以此答之。」則係永貞、元和元年間所作，以諭退渾種落者，無所謂文字之交。又全唐詩逸卷上明皇帝賜新羅王詩云：

四維分景緯，萬象含中樞。玉帛遍天下，梯航歸上都。緬懷阻青陸，歲月勤黃圖。漫漫窮地際，蒼蒼連海隅。興言名義國，豈謂山河殊。使去傳風教，人來習典謨。衣冠知奉禮，忠信識尊儒。誠矣天其鑒，賢哉德不孤。擁旄同作牧，厚貺比生蒭。益重青青志，風霜恒不渝。

按此詩作於天寶十五載（七五六）春，其時玄宗因安史之亂幸蜀，新羅景德王遣使入唐，泝長江至成都朝貢，玄宗御製此詩賜王，嘉其歲修朝貢，克踐禮樂名義⑱。末句「益重青青志，風霜恒不渝」云云，蓋卽疾風知勁草，板蕩識忠臣之意。景德王旣未親身入唐覲見玄宗，二人無所謂交往可言。以上諸詩，本文均不取焉。

【附　註】

①王國維宋元戲曲史序。
②詩品序。
③桂苑筆耕集清季自韓國傳來，凡二十卷，收崔氏五七言詩六十首。今通行者有海山仙館叢書本及商務印書

館四部叢刊本。

④如卷四十六載顧雲送別崔致遠詩。

⑤謝海平：「唐代留華外國人生活考述」十五頁。

⑥晁衡、崔致遠、金可紀事分見後文。李珣爲波斯人之後代，以詞有名於唐末，其詞散見於花間，尊前兩集中，生平見謝海平「唐代留華外國人生活考述」第二編及第四編。

⑦全唐詩卷八〇八利涉小傳。

⑧宋高僧傳卷十七。

⑨見續古今譯經圖紀沙門戍婆揭羅僧訶條。又圓仁入唐求法巡禮行記卷三記會昌元年（八四一）長安新昌坊青龍寺有南天竺沙門三藏寶月駐錫，恐非一人。

⑩新唐書卷七六韋后傳。

⑪元和姓纂卷五。

⑫代宗廣德二年（七六四）楊景風註文殊師利菩薩及諸仙所說吉凶時日善惡曜經卷上第三。

⑬資治通鑑卷二〇八。

⑭後收入全唐詩卷八〇八。

⑮參考全唐文卷六九四費冠卿「九華山化成寺記」。

⑯全唐詩逸所附金立之小傳稱立之憲德王七年入唐，誤。冊府元龜卷九九九外臣部請求門記此事在寶曆元年五月，相當憲德王十七年，據改。三國史記卷十繫其事於十七年。

⑰舊唐書卷一六〇、新唐書卷一三七呂渭附溫傳。

⑱三國史記卷九新羅本紀。

第一章　唐代詩人與在華西域人之文字交

第一節　與西域文士、樂伎之文字交

唐代與西域諸國交涉極爲頻繁，爲李唐列爲絕域邊緣之大食，自永徽二年（六五一）始遣使朝貢，至貞元十四年（七九八）爲止，不及一百五十年，通使達三十六次①，册府元龜有關開元年間（七一三～七四一）天竺諸國朝獻之紀錄，多達十五條②，此猶政府間官式交涉，至於民間，商賈、藝人之來華，蓋至不可勝數。如日僧元開唐大和尚東征傳記天寶九載（九五〇）在廣州所見云：

江中有婆羅門、波斯、崑崙等舶，不知其數，並載香藥珍寶，積載如山。舶深六七丈，師子國、大石國、骨唐國、白蠻、赤蠻等往來居住，種類極多。

肅宗時，雖當安史亂後，商胡之在揚州者，常亦數千。如唐書卷一四四田神功傳云：

劉展反，鄧景山引神功助討，自淄、青、齊、淮，衆不整，入揚州，遂大掠居人貲產，發屋剔窌，殺商胡、波斯數千人。

由此可知唐時往來中國及西域間外籍人士之衆多。至於其人之國籍，除上舉師子、大食、波斯等以外，來自中亞各國者，亦大不乏人。蓋中亞自葱嶺以西，即所謂西土耳其斯坦之地，其阿母河以北部分，以康國爲政治、經濟中心，其人民亦最善貿易，韋節西蕃記稱「康國人並善賈，男年五歲，則令學書，少解，則遣學賈，以得利多爲善」③。五代時大食人阿布賽德哈散所作遊記，亦稱「有友人告云，彼嘗在康府見一人，背負麝香一袋，由撒馬兒罕（Samarkand）步行至康府。」④康府即廣州⑤。唐初來華之覩貨速利國僧佛佗達摩，其人「大形模，足氣力，習小教，常乞食，少因興易，遂屆神州」⑥。自中亞諸國入華經商外國人之衆多，由此可見。凡此商胡，唐代文人與之交往者不多，唯其中之經營酒家，即唐人稱爲酒家胡者，因與文人嗜酒優悠之生活多所接觸，故間亦有文字之交。

至於樂舞伎方面，唐樂初沿隋之舊制，奏九部樂；及太宗貞觀十四年（六四〇）伐高昌，得其樂工，遂增九部爲十部。十部者，删九部中之禮畢，而益以燕樂伎及高昌伎，其餘八部爲清樂伎、西涼伎、天竺伎、高麗伎、龜茲伎、安國伎、疏勒伎、高昌伎、康國伎等。十部中屬西域系者六伎（天竺、龜茲、疏勒、高昌、安國、康國），胡俗融合一伎（西涼），東夷系一伎（高麗）⑦，胡夷之樂，佔十分之七強。雖各伎之主要分別，在音樂與樂器，而非演奏之人，胡樂之演奏者不必限爲胡人，但諸夷樂成立時，伎人必爲外籍，且其延續，又必以蕃胡爲主體，似無可疑。則唐中葉以前教坊中外國人之衆多，可以推知。

自唐代中葉以後，因政治、軍事、商業諸因素影響，來華之外國人愈多，其人多有長於音聲樂器者。如中亞諸民族，卽爲其中之表表者⑧。其人吹笛彈琴情形，多爲詩人用作吟詠題材，如李白「猛虎行」云：「溧陽酒樓三月春，楊花漠漠愁殺人，胡雛綠眼吹玉笛，吳歌白紵飛梁塵。」⑨高適「和王七玉門關聽吹笛」云：「胡人吹笛戍樓間，樓上蕭條海月閒。」⑩李賀「龍夜吟」云：「鬈髮胡兒眼睛綠，高樓靜夜吹橫竹。」⑪溫庭筠「敕勒歌」云：「羌兒吹玉管，胡姬踏錦花。」⑫周朴「塞下曲」云：「石國胡兒向磧東，愛吹橫笛引秋風。」⑬皆詠胡人吹笛者也。岑參「涼州館中與諸判官夜集」云：「涼州七里十萬家，胡人半解彈。」⑭詠胡人彈琵琶者也。岑參「酒泉太守席上醉後作」云：「琵琶長笛曲相和，羌兒胡雛各唱歌。」⑮詠胡人琵琶、胡笛、胡歌相和者也。外籍人士之音樂才分既爲詩人所注目，其以音樂著名者，尤能吸引詩人與之交。

㈠李白與迦葉司馬　李白，字太白，隴西成紀人，或曰山東人，或曰蜀人。生於武后聖曆二年（六九九），卒於肅宗寶應元年（七六二）。白少有逸才，志氣宏放，飄然有超世之心。喜縱橫術，擊劍爲任俠，輕財重施。天寶（七四二～七五五）初，至長安，後往見賀知章，知章見其文，歎曰：「子謫仙人也。」言於玄宗，召見金鑾殿，有詔供奉翰林。白以不爲君主親近所容，懇求還山，帝賜金放還。乃浪跡江湖，終日沈飲，永王璘都督江陵，辟為僚佐。璘謀亂，兵敗，白坐長流夜郎，會赦得還。族人李陽冰為當塗令，白往依之。代宗立，以左拾遺召，而白已卒⑯。全唐詩卷一七八李白「答湖州迦葉司馬問白是何人」云：

青蓮居士謫仙人，酒肆藏名三十春；湖州司馬何須問，金粟如來是後身。

迦葉司馬名字無考，湖州府志卷九三引此詩，亦未載迦葉司馬之名。按迦葉為天竺姓氏，唐代流行中國之天竺曆法有三家，迦葉氏為其中之一。代宗廣德二年（七六四）楊景風註文殊師利菩薩及諸仙所說吉凶時日善惡曜經卷上第三云：

景風曰：凡欲知五星所在者，天竺曆術，推知何宿，俱知也。今有迦葉氏、瞿曇氏、拘摩羅等三家天竺曆，〔并〕掌在太史閣，然今用之，多瞿曇氏曆。

唐代迦葉氏可考知名號者有三人，即迦葉孝威、迦葉志忠及迦葉濟。孝威亦傳天竺曆法，似為高宗時人。舊唐書卷三三曆志二李淳風麟德（六六四、六六五）甲子元曆「求日月蝕虧初及復末時刻術」條云：

迦葉孝威等天竺法，先依日月行遲疾度，以推入交遠近，……此等與中國法術稍疏，自外梗概相似也。

志忠則於中宗時官右驍衞將軍兼知太史事。資治通鑑卷二〇八云：

景龍元年（七〇七）五月，中宗以歲寒穀貴，召太府卿紀處訥謀之。明日，武三思使知太史事迦葉志忠奏：「是夜，攝提入太微宮，至帝座，主大臣宴見納忠於天子。」中宗以爲然。敕：「處訥忠誠，徹於玄象，賜衣一襲，帛六十段。」

同年，志忠嘗表上桑條歌十二篇，言韋后當受命，中宗賜志忠第一區，絹七百段⑰。迦葉濟於貞元（七八五～八〇四）間官涇原大將，試太常卿⑱。迦葉孝威、志忠與迦葉濟三人之關係不明，湖州迦葉司馬與三人有何關係，亦無可考。然白詩既有「青蓮居士謫仙人」句，恐是長安遇賀監以後之作，故有「謫仙人」之稱。李白遇賀知章在天寶元年（七四二），時年四十二歲；詩又云「酒肆藏名三十春」，蓋言放浪酒中三十年，則白作詩時當在五十歲左右，即天寶九載（七五〇）前後⑲。按李白自天寶元年應詔入京供奉翰林以後，首度南遊在天寶四年（七四五）。是年秋末赴江東，取道邳州、楊州入越中；冬末北赴蘇州。天寶五、六年（七四六、七四七），白四十六、七歲，數往來於會稽、金陵間⑳，湖州適居其中。白作「答湖州迦葉司馬問白是何人」詩，蓋在此時。

唐籍所載迦葉氏三人之中，孝威及濟於天寶時縱已出生，年事尙少，似均不可能與李白論交；志忠雖以長於天文而爲太史，然頗有文彩，若天寶時仍健在，當爲李白理想之文字交，否則此迦葉司馬，亦當係其苗裔也。

(二)李頎、戴叔倫、李端與康洽　李頎東川人，開元十三年（七一五）登進士第，調新鄉縣尉。性疏簡，厭薄世務，慕神仙，服餌丹砂，期輕擧之道，結好塵喧之外。一時名輩，莫不重之。工詩，發調既清，修辭亦秀，雜歌咸善，玄理最長，多爲放浪之語，足可震蕩心神㉑。全唐詩卷一三三李頎「送康洽入京進樂府歌」云：

識子十年何不遇，只愛歡遊兩京路。朝吟左氏嬌女篇，夜誦相如美人賦。長安春物舊相宜，小苑蒲萄花滿枝。柳色偏濃九華殿，鶯聲醉殺五陵兒。曳裾此日從何所，中貴由來盡相許。白袷春衫仙吏贈，烏皮隱几臺郎與。新詩樂府唱堪愁，御妓應傳鳷鵲樓。西上雖因長公主，終須一見曲陵侯。

康洽，唐才子傳卷四有傳云：

洽，酒泉人，黃鬚美丈夫也。盛時攜琴劍來長安，謁當道，氣度豪爽。工樂府詩篇，宮女梨園，皆寫於聲律。玄宗亦知名，嘗嘆美之。所出入皆王侯貴主之宅，從遊與宴，雖駿馬蒼頭，如其己有，觀服玩之光，令人歸欲燒物，憐才乃能如是也。後遭天寶亂離，飄蓬江表。至大曆間，年已七十餘，龍鍾衰老，談及開元繁盛，流涕無從。往來兩京，故侯館穀空，咸陽一布衣耳。於時文士願與論交，李端逢之，贈詩云：「聲名常壓鮑參軍，班位不過楊執戟。」又云：「同時獻賦人皆盡，共壁題詩君獨在。」後卒杜陵山中。文章不得見矣。

此傳大抵從李端及戴叔倫贈康洽兩詩取材，由李頎詩可相印證。惟康洽里籍，近人均疑爲寄籍酒泉之康國人，西胡族類之深於華化者㉒。在文學上有此造詣，誠異數也。李端「贈康洽」詩，見全唐詩卷二八四，詩云：

黃鬚康兄酒泉客，平生出入王侯宅。今朝醉臥又明朝，忽憶故鄉頭已白。流年恍惚瞻西日，陳事蒼茫指南陌。聲名恒壓鮑參軍，班位不過楊執戟。邇來七十遂無機，空是咸陽一布衣。後輩輕肥賤衰朽，五侯門館許因依。自言萬物有移改，始信桑田變成海。同時獻賦人皆盡，共壁題詩君獨在。步出京城風景和，青山滿眼少年多。漢家尚壯今則老，髮短心長知奈何。華堂舉杯白日晚，龍鍾相見誰能免。君今已反我正來，朱顏宜笑能幾回？借問朦朧花樹下，誰家畚挿築高臺。

李端，字正己，趙郡人。少時居廬山，依皎然讀書，意況清虛，酷慕禪侶。大曆五年（七七○）登進士第。與盧綸、吉中孚、韓翃、錢起等相唱和，號大曆十才子。初至長安，即有詩名。嘗客駙馬郭曖第，賦詩冠其坐客。初授校書郎，後移疾江南，官杭州司馬卒㉓。

戴叔倫「贈康老人洽」則見於全唐詩卷二七四，詩云：

酒泉布衣舊才子，少小知名帝城裏。一篇飛入九重門，樂府喧喧聞至尊。宮中美人皆唱得，七貴因之盡相識。南鄰北里日經過，處處淹留樂事多。不脫弊裘輕錦綺，長吟佳句掩笙歌。賢王貴主於我厚，駿馬蒼頭如己有。暗將心事隔風塵，盡擲年光逐杯酒。青門幾度見春歸，折柳尋花送落暉。杜陵往往逢秋暮，望月臨風攀古樹。繁霜入鬢何足論，舊國連天不知處。爾來倏忽五十年，却憶當時思眇然。多識故侯悲宿草，曾看流水沒桑田。百人會中一身在，被褐飲瓢終不改。陌頭車馬共營營，不解如君任此生。

戴叔倫，字幼公，潤州金壇人。玄宗開元二十年（七三二）生，德宗貞元五年（七八九）卒。師事蕭穎士，爲門人冠。賦性溫雅，善舉止，能清談，無賢不肖，相接盡心。劉晏管鹽鐵，表主運湖南。德宗建中元年（七八〇）嗣曹王皐領湖南、江西，表佐幕府，皐討李希烈，留叔倫領府事，試守撫州刺史。俄即眞。朞年，詔書褒美，封譙縣男，加金紫服。遷容管經略使，綏徠夷落，威名流聞。德宗嘗賦「中和節詩」，遣使者寵賜。代還，卒於道㉔。

按康洽之生卒及其與詩人之交往，唐才子傳語焉而未詳，今據李頎諸人贈詩，可約略推知一二：

一、李端「贈康洽」有「邇來七十遂無機」語，是時康洽蓋已年不踰矩。又詩之後半引康洽物換星移，才華凋謝，滄海桑田之歎，而結語作「君今已反我正來，朱顏宜笑能幾回」，「君」指康洽，「我」係端之自稱，蓋謂於人生變幻，洽已黃粱夢醒而歸，而作者春秋正富，方來長安追逐名利也。似作此詩時，李端尚未登第。按端登第於大曆五年（七七〇），假設此詩作於大曆四、五年之際，則康洽當生於武后聖曆、久視年間（六九八～七〇〇）。

二、戴叔倫詩稱康洽「酒泉布衣舊才子，少小知名帝城裏」，若洽二十歲成名，成名時當在玄宗開元（七一三～七四一）中；而叔倫作此詩時，康洽「爾來倏忽五十年，却憶當時思眇然」，蓋已七十以外，當在代宗大曆六年（七七一）以後。

三、李頎「送康洽入京進樂府歌」首句作「識子十年何不遇」，其時康洽當三十歲左右，約在玄宗開元十六、七年（七二八、七二九）間。時李頎爲新鄉縣尉，新鄉屬河北道衞州㉕，縣治今河南省汲縣西南，李頎「送」洽「入京」，疑即在此，故詩有「西上雖因長公主」語也。

准此數點，茲擬爲康洽之生世交遊事略，以爲唐才子傳之補充：

康洽、系出康國，寄籍酒泉。約生於武后聖曆、久視年間。工詩，少小以樂府知名於兩京。玄宗開元中，年三十歲，嘗入京進樂府，爲帝稱賞。行前李頎爲詩以送之。嗣後遊於兩京之間，中貴臺郎，盡與相識，唯寄情詩酒，褐衣以老。代宗時耄耋之年，仍多與有名詩人酬唱。大曆四、五年間，李端有「贈康洽」詩，其後戴叔倫又有「贈康老人洽」詩，於其人其詩，頗有譽揚，惜洽所作詩文早已散佚，不得而見矣。

又近人或以爲周賀「送康紹歸建業」詩之康紹卽康洽，因而推測康洽寄寓建業㉖。按周賀與姚合同時，爲憲宗時人，是否及見康洽，尚俟後考，兹不取焉。

㈢劉禹錫與米嘉榮及曹剛　劉禹錫，字夢得，彭城人。生於代宗大曆七年（七七二），卒於武宗會昌二年（八四二）。貞元九年（七九三）登進士第，又登博學鴻詞科。精於古文，善五言詩，多才麗。初從事淮南幕府，入爲監察御史。王叔文用事，引入禁中，與之圖議，言無不從。轉屯田員外郎，判度支鹽鐵案。叔文敗，坐貶朗州司馬，落魄不自聊。居十年，召還，將置之郎署，以作玄都觀看花詩，涉譏忿，執政不悅，復出刺播州。裴度以母老爲言，改連州，徙夔、和二州。久之，徵入爲主客郎中，又以作重游玄都觀詩，出分司東都。度仍薦爲禮部郎中，集賢直學士。度罷，出刺蘇州，徙汝、同二州。遷太子賓客分司。禹錫素善詩，晚節尤精，與白居易酬復頗多，居易嘗敍其詩，稱「詩豪者也，其鋒森然，少敢當者」。雖名位不達公卿，而大僚多與之交，有集行於世㉗。全唐詩卷三六五劉禹錫「與歌者米嘉榮」云：

唱得涼州意外聲，舊人唯數米嘉榮，近來時世輕先輩，好染髭鬚事後生。

此詩一作：

一別嘉榮三十載，忽聞舊曲尚依然，如今世俗輕前輩，好染髭鬚事少年。

太平廣記卷二〇四米嘉榮條引盧氏雜說又作：

三朝供奉米嘉榮，能辨新聲作舊聲；于今後輩輕前輩，好染髭鬚事後生。

按米姓系出西土耳其斯坦之米國，米嘉榮爲華化之西域胡人，已有定說㉘。嘉榮善歌，憲宗、穆宗等朝於長安極爲有名。前引盧氏雜說云：

歌曲之妙，其來久矣。元和（八〇六～八二〇）中，國樂有米嘉榮，何戡；近有陳不嫌，不嫌子意奴。一二十年來，絕不聞善唱，盛以拍彈行於世，拍彈起於李可久。……劉尙書禹錫「與米嘉榮」詩云：……又自貶所歸京，聞何戡歌，曰：二十年來別帝京，重聞天樂不勝情；舊人唯有何戡在，更請殷勤唱渭城。

樂府雜錄歌條云：

貞元（七八五～八〇四）中有田順郎，曾爲宮中御史娘子。元和、長慶（八二一～八二四）以來，有李貞信、米嘉榮、何戡、陳意奴。……

琵琶錄云：

咸通中，有米郎原註：即嘉榮子，其父善歌，田從道尤妙。

唐人以「善唱」、「善歌」譽米嘉榮，其歌唱技巧冠於其他樂工，而爲太和（八二七～八三五）中善作以轉喉爲新聲之拍彈者所不及㉙，因充三朝供奉，至懿宗時仍爲人所稱頌。

劉禹錫「與歌者米嘉榮」一絕之詩句，雖有三種差異，然敘與嘉榮之關係，或以「舊人」相稱，或稱「三朝供奉」，或以「一別」「三十載」爲言，蓋皆有滄桑變幻，重見故人之意，則禹錫之識嘉榮，蓋已有年。嘉榮既爲三朝供奉，則禹錫與之結交，當在長安。又其詩云「一別嘉榮三十載」，則作詩之時，禹錫年齡當在四十五歲以外。考禹錫貞元二十一年（八〇五）三十三歲由屯田員外郎出牧連州，在道貶朗州司馬，居十年，至元和十年（八一五）召回，時年四十三歲。尋復出爲連州刺史，去京師又十四年，連刺數郡。太和二年（八二八）拜主客郎中。重回長安，已五十六歲。同年以主客郎中分司東都。太和六年（八三二）又出爲蘇州刺史，後轉刺汝州、同州，至開成元年（八三六）以太子賓客分司東都㉚。是禹錫半生之中，能留連於長安歌榭，重聞舊樂者，唯太和二年至六年數年之間而已。復考全唐詩卷三六五，與贈嘉榮詩標題相似而內容差近者，有「與歌者何戡」㉛，「與歌童田順郎」㉜，「聽舊宮中樂人穆氏唱歌」㉝等，蓋皆以滄桑變幻，舊地重遊爲作意，與禹錫太和二年三月所作「再遊玄都觀」詩「前度劉郎今又來」㉞意識一致。然則「與歌者米嘉榮」一詩，當與「與歌者何戡」等篇同時而作，而與何戡詩，盧氏雜說以爲係禹錫自貶所歸京後所作。是劉禹錫與米嘉榮結文字交之時間，不待贅言矣。

劉禹錫與曹剛之文字交，見全唐詩卷三六五「曹剛」，詩云：

大弦嘈嘈小弦清，噴雪含風意思生；一聽曹剛彈薄媚，人生不合出京城。

曹剛蓋即曹綱，系出西域昭武九姓之曹國㉟，爲貞元（七八五〜八〇四）名樂伎曹保保之孫，善才之子，長於琵琶，以善運撥有名於時。樂府雜錄琵琶條云：

貞元中有王芬、曹保保——其子善才、其孫綱皆襲所藝。次有裴興奴，與綱同時。曹綱善運撥若風雨，而不事扣弦；興奴長於攏撚，不撥稍軟㊱。時人謂：「曹綱有右手，興奴有左手。」武宗初，朱崖李太尉有樂吏廉郊者，師於曹綱，盡綱之能。綱嘗謂儕流曰：「教授人亦多矣，未曾有此性靈弟子也。」

是綱於武宗時尚在世。其父曹善才以琵琶絕技，爲內庭供奉，蜚聲長安，且屢見頌於詩人篇籍，白居易及李紳詩均嘗提及。如李紳「悲善才」並序㊳云：

余守郡日，有客遊者，善彈琵琶，問其所傳，乃善才所授。頃在內庭日，別承恩顧，賜宴曲江，勅善才等二十人備樂。自余播遷，善才已沒。因追感前事，爲悲善才。

穆王夜幸蓬池曲，金鑾殿開高秉燭，東頭弟子曹善才，琵琶請進新翻曲。翠蛾列坐層城女。笙笛參差齊笑語。天顏靜聽朱絲彈，衆樂寂然無敢舉。銜花金鳳當承撥，轉腕攏弦促揮抹。花翻風嘯天上來，裴回滿殿飛春雪。抽弦度曲新聲發，金鈴玉佩相磋切。流鶯子母飛上林，仙鶴雌雄唳明月。此時奉詔待金鑾，別殿承恩許召彈。三月曲江青草綠，九霄天樂下雲端。紫髯供奉前屈膝，盡彈妙曲常春日。……

按琵琶之彈奏，初皆以木撥，至唐太宗時有樂工創手彈之法，攏撚漸行，乃有兩種方式㊴。曹善才彈琵琶時，「銜花金鳳當承撥，轉腕攏弦促揮抹」，蓋仍然用撥；曹綱善運撥若風雨，可謂克紹箕裘，青出於藍矣。至於曹綱所奏樂曲予人之意象，劉禹錫形容爲「噴雪含風意思生」，與李紳得自曹善才所奏樂「花翻鳳嘯天上來，裴回滿殿飛春雪」之意象相似，顯見二人功力悉敵也。

曹善才之技藝爲當代大詩人所欣賞，曹綱亦備受重視。全唐詩卷四四九白居易「聽曹綱琵琶兼示重蓮」云：

撥撥弦弦意不同，胡啼蕃語兩玲瓏；誰能截得曹剛手，揷向重蓮衣袖中。

又同書卷五四八薛逢「聽曹剛彈琵琶」云：

禁曲新翻下玉都，四弦振觸五音殊。不知天上彈多少？金鳳銜花尾半無。

居易與薛逢對曹綱之揄揚，蓋可與禹錫詩等視齊觀。

至於劉禹錫與曹綱結文字交之時間，味「曹綱」詩「人生不合出京城」語意，禹錫作詩時必在長安，蓋亦在太和二、三年間乎？

㈣賀朝與酒店胡姬　賀朝，天寶（七四二～七五五）時官山陰尉㊵。全唐詩卷一一七賀朝「贈酒店胡姬」云：

胡姬春酒店，弦管夜鏘鏘；紅毾鋪新月，貂裘坐薄霜。玉盤初鱠鯉，金鼎正烹羊；上客無勞散，聽歌樂世娘。

酒店胡姬，卽唐人習稱之「酒家胡」或「酒胡」。酒家胡之見於詩篇者，如全唐詩卷一二六王維「過崔駙馬山池」云：

畫樓吹笛妓，金椀酒家胡。錦石稱貞女，青松學大夫。……

又全唐詩卷三七王績「過酒家」云：

有客須教飮，無錢可別沽，來時長道貰，慚愧酒家胡。

又全唐詩卷四一四元稹「贈崔元儒」云：

殷勤夏口阮元瑜，二十年前舊飮徒。最愛輕欺杏園客，也曾辜負酒家胡。……

酒胡之見於詩篇者，如全唐詩卷四一三元稹「酬孝甫見贈」云：

十歲荒狂任博徒，採莎五木擲梟盧；野詩良輔偏憐假，長借金鞍迓酒胡。

酒家胡之血統，固因詩所未及，而無從確斷，然旣以「胡」相稱，當以系出西域者爲主。元白詩箋證稿第二章琵琶引「自言本是京城女，家在蝦蟇陵下住」句陳寅恪先生箋証云：

此長安故倡，其幼年家居蝦蟆陵，似本爲酒家女。又自漢以來，旅居華夏之中亞胡人，頗以善釀著稱，而吾國中古傑出之樂工亦多爲西域胡種。則此長安故倡，既居名酒之產區，復具琵琶之絕藝，豈卽所謂「酒家胡」者耶？

「胡姬」本「胡女」之泛稱，楊凝詩「漢卒怨蕭鼓，胡姬濕采旃」㊶，卽爲此意；但一涉酒家，「胡姬」便成酒家胡之別稱。如全唐詩卷十八横吹曲辭李白「白鼻騧」云：

銀鞍白鼻騧，綠地障泥錦。細雨春風花落時，揮鞭且就胡姬飲。

又同卷張祜「白鼻騧」云：

爲底胡姬酒，長來白鼻騧；摘蓮抛水上，卽意在浮花。

又全唐詩卷二四雜歌曲辭李白「少年行」云：

五陵年少金市東，銀鞍白馬度春風；落花踏盡遊何處？笑入胡姬酒肆中。

又全唐詩卷一九九岑參「青門歌送東臺張判官」云：

青門金鎖平旦開，城頭日出使車回。……胡姬酒壚日未午，絲繩玉缺酒如乳。……

又全唐詩卷五七八溫庭筠「贈袁司錄」云：

一朝辭滿有心期，花發楊園雪壓枝。劉尹故人諳往事，謝郎諸弟得新知。金釵醉就胡姬畫，玉管閒留洛客吹。記得襄陽耆舊語，不堪風景硯山碑。

唐時酒肆以胡姬當壚，蔚爲風尚，究其原因，一則其人之風華笑貌，可廣招徠；二則其人之聲歌樂舞，可娛嘉賓。如全唐詩卷一七六李白「送裴十八圖南歸嵩山」云：

何處可爲別，長安青綺門，胡姬招素手，延客醉金樽。……

又卷一九九岑參「送宇文南金放歸太原寓居，因呈太原郝主簿」云：

（前略）送君繫馬青門口，胡姬壚頭勸君酒。爲問太原賢主人，春來更有新詩否？

又卷一六二李白「前有一樽酒行」云：

琴奏龍門之綠桐，玉壺美酒清若空；催弦拂柱與君飲，看朱成碧顏始紅。胡姬貌若花，當壚笑春風。笑春風，舞羅衣。君今不醉將安歸。

此胡姬當壚招客勸酒者也。全唐詩卷一七一李白「醉後贈王歷陽」云：

書禿千兔毫，詩裁兩牛腰。筆蹤起龍虎，舞袖拂雲霄。雙歌二胡姬，更奏遠清朝。舉酒挑朔雪，從君不相饒。

此胡姬歌唱奏樂以娛客者也。至於經營醜業，薦客枕席，則又等而下之者矣。全唐詩卷四九四施肩吾「戲鄭申府」云：

年少鄭郎那解愁，春來閒臥酒家樓，胡姬若擬邀他宿，挂却金鞭繫紫騮。

美酒能助風雅，故騷人墨客多貪杯，與酒家胡接觸既多，不但以之入詩，如前所略引諸篇，且有專詠之者。如全唐詩卷三三三楊巨源「胡姬詞」云：

姸艷照江頭，春風好客留；當壚知妾慣，送酒爲郎羞。香渡傳蕉扇，妝成上竹樓，數錢憐皓腕，非是不能留。

唐代酒家胡既衆多若是，詩人與之交往又若是其頻繁，賀朝何時於何地贈詩胡姬，蓋不必亦不能細考矣。

㈤陸巖夢與胡子女　陸巖夢，復州人。范攄雲溪友議卷中澧陽讌條云：

復州陸巖夢「桂州筵上贈胡子女」一詩：自道風流不可攀，那堪蹙額更頹顏；眼睛深却湘江水，鼻孔高於華岳山。舞態固難居掌上，歌聲應不繞梁間。孟陽死後欲千載，猶有佳人覓往還。

此胡子女蓋亦胡姬之流，深眼高鼻，殆亦系出西域。其容貌歌舞，似均不爲巖夢所喜。按中亞民族，本長於音樂，通典卷一九三康居條引韋節西蕃記，即有「其人好音聲」之記載，其人來華後，原來之生活習慣不能驟改，於是胡歌胡舞，遂隨胡人之足跡，展現於唐人耳目之前。此於唐人詩句如「六州胡兒六蕃語，十歲騎羊逐沙鼠。……胡兒起作六蕃歌，齊唱嗚嗚盡垂手」㊷，「琵琶長笛曲相和，羌兒胡雛齊唱歌」㊸，「羌兒吹玉管，胡姬踏錦花」㊹等，可以略窺一二。

唐之胡舞，最爲流行者，有柘枝、胡騰、胡旋三種，均源自中亞，前二種同出石國，胡旋則出康國㊺。三者之舞容，唐人詩中均有記載。有關柘枝舞者，全唐詩卷二二失撰人名「柘枝詞」小序云：「健舞曲有羽調柘枝，軟舞曲有商調屈柘枝，此舞因曲爲名，用二女童，帽施金鈴，抃轉有聲，其來也，於二蓮花中藏，花拆而後見，對舞相占，實舞中雅妙者也。」全唐詩卷四四六白居易「柘枝妓」云：「平鋪一合錦筵開，連擊三聲畫鼓催，紅蠟燭移桃葉起，紫羅衫動柘枝來。帶垂細胯花腰重，帽轉金鈴雪面迴。看即曲終留不住，雲飄雨送向陽臺。」有關胡騰舞者，全唐詩卷四六八劉言史「王中丞宅夜觀舞胡騰」云：「石國胡兒人見少，蹲舞尊前急如鳥。織成蕃帽虛頂尖，細氎胡衫雙袖小。手中抛下蒲萄盞，西顧忽思鄉路遠。跳身轉轂寶帶鳴，弄脚繽紛錦靴軟。四座無言皆瞪目，橫笛琵琶偏頭促，亂騰新毯雪朱毛。傍拂輕花下紅燭。酒闌舞罷絲管絕，木槿花西見殘月。」全唐詩卷二八四李端「胡騰兒」云：「胡騰身是涼州兒，肌膚如玉鼻如錐。桐布輕衫前後卷，葡萄長帶一邊垂。帳前跪作本音語，拾襟攪袖爲君舞，揚眉動目踏花氈，紅汗交流珠帽偏。醉却東傾又西倒，雙靴柔弱滿燈前，環行急蹴皆應節，反手插腰如却月……」㊻。有關胡旋者，全唐詩卷四二六白居易「胡旋女」（原註：天寶末，康居國獻之）云：「胡旋女，胡旋女，心應弦，手應鼓，弦鼓一聲雙袖舉，迴雪飄颻轉蓬舞，左旋右轉不知疲，千匝萬周舞已時。……」全唐詩卷四一九元稹「胡旋女」云：「胡旋之義世莫知，胡旋之容我能傳。蓬斷霜根羊角疾，竿戴朱盤火輪炫。

驪珠迸珥逐飛星，虹暈輕巾掣流電。潛鯨暗噏笪波海，回風亂舞當空霰。萬過其誰辨始終，四座安能分背面。」由此可知，唐代最流行之三種胡舞，除柘枝舞之動作稍爲緩慢柔和外，胡騰、胡旋一如其名，以騰躍旋轉，節奏急促取勝，講究進退有度之中國人，未必皆能欣賞也。陘巖夢奚落胡子女「舞態固難居掌上，歌聲應不繞梁間」，其因胡子女所歌者胡歌，所舞者胡旋胡騰乎！

【附註】

①白壽彝：從怛羅斯戰役說到伊斯蘭教之最早的華文記錄。

②冊府元龜卷九七一載：開元二年，西天竺遣使獻方物；三年，天竺國使翟（按當爲瞿）曇惠感來獻方物；五年，中天竺遣使來朝，獻方物；八年正月，中天竺國遣使來朝，五月南天竺國遣使獻豹，八月勅遣南天竺使；八年十一月南天竺遣使來朝；十三年，中天竺遣使來朝；十七年，北天竺僧密多獻質汗等藥；十八年，中天竺國遣使朝貢；十九年，中天竺國大德僧勃達信來朝；二十五年，東天竺國大德僧達摩戰來獻胡藥；二十九年，中天竺國王子李承恩來朝。卷九六四載：開元八年，遣使冊南天竺國王尹利那爲主。卷九七三載：南天竺國王尸利那請以戰象及兵馬討大食，帝名其軍爲懷德軍。卷九七四載：勅中書門下：南天竺使還，發遣令滿望。

③通典卷一九三，邊防九、西戎五、康居條引。

④阿布賽德哈散遊記，成於後梁末帝貞明二年（九一六），其人並未親至中國，僅述他人所見。張星烺曾加節譯，收入中西交通史料彙編。此處所引，見張書第三冊一四四頁。

⑤中西交通史料彙編三冊一二六頁。

⑥大唐西域求法高僧傳卷上。
⑦分見資治通鑑卷一九五唐紀十一及岸邊成雄唐代音樂史的研究中譯本十五頁。
⑧通典卷一九三康居條引韋節西蕃記，稱「其人好音聲」。
⑨全唐詩卷一六五。
⑩全唐詩卷二一四。
⑪全唐詩卷三九四。
⑫全唐詩卷五七七。
⑬全唐詩卷六七三。
⑭全唐詩卷一九九。
⑮同⑭。
⑯參考舊唐書卷一九〇下、新唐書卷二〇二李白傳。
⑰事見新唐書卷七六韋氏傳。桑條歌已佚，惟進桑條歌表尚見於全唐文卷二七六。
⑱林寶元和姓纂卷五。通志氏族略貞元作貞觀，誤，見元和姓纂四校記。
⑲見王琦注李太白全集卷三五李太白年譜開元十八年條。
⑳郭氏：「李白和杜甫」三李白杜甫年表。
㉑參考唐詩紀事卷二十李頎條，唐才子傳卷二李頎傳。
㉒向達：唐代長安和西域文明第二節流寓長安之西域人，陳寅恪：書唐才子傳康洽傳後。
㉓參考唐詩紀事卷三十李端條、唐才子傳卷四李端傳、全唐詩卷二八四附李端傳。
㉔參考新唐書卷一四三及唐才子傳卷五戴叔倫傳、新唐書卷八一李皐傳、全唐文卷五〇二權德輿朝散大夫使持節都督客州諸軍事守客州刺史兼侍御史充本管經略招討制置等使譙縣國男賜紫金魚袋戴公墓誌銘。
㉕新唐書卷三九地理志。
㉖周賀「送康紹（原註：一作沼）歸建業」見於全唐詩卷五〇三，詩云：南朝秋色滿，君去意如何？帝業空

城在，民田壞塚多。月圓臺獨上，栗綻寺頻過。籬下西江濶，相思見白波。向達「唐代長安與西域文明」考得此詩於明周暉金陵瑣事卷三江陵詩人條引作康洽。

㉗參考舊唐書卷一六〇、新唐書卷一六二、唐才子傳卷五劉禹錫傳，唐詩紀事卷三九，全唐詩卷三五四附劉禹錫傳。

㉘見桑原騭藏「隋唐時代西域人華化考」及向達「唐代長安與西域文明」。

㉙南部新書乙云：太和中、樂工尉遲璋左能囀喉爲新聲，京師屠沽效呼爲拍彈。

㉚參考舊唐書卷一六〇劉禹錫傳及張達人「劉禹錫年譜」。

㉛詩云：「二十餘年別帝京，重聞天樂不勝情；舊人唯有何戡在，更與殷勤唱渭城。」與盧氏雜說所載只有一字不同。

㉜詩云：「天下能歌御史娘，花前葉底奉君王；九重深處無人見，分付新聲與順郎。」

㉝詩云：「曾隨織女渡天河，記得雲間第一歌；休唱貞元供奉曲，當時朝士已無多。」

㉞詩云：「百畝庭中半是苔，桃花淨盡菜花開；種桃道士歸何處，前度劉郎今又來。」詩前有引，記詩作於太和二年三月。

㉟同㉘。

㊱「不撥稍軟」句今本脫，洪惟助樂府雜錄箋訂據太平御覽及琵琶錄補入。按「不撥稍軟」不詞，「不撥」疑當作「下撥」。琵琶錄作「指撥」。

㊲全唐詩卷四三五白居易「琵琶引」序云：「元和十年（八一五），予左遷江都司馬。明年秋，送客湓浦口。聞船中夜彈琵琶者，聽其音，錚錚然有京都聲，問其人，本長安倡女，嘗學琵琶於穆、曹二善才。」詩中有句云「自言本是京城女，家在蝦蟇陵下住。十三學得琵琶成，名屬教坊第一部。曲罷曾教善才伏，妝成每被秋娘妒」。

㊳全唐詩卷四八〇。

㊴新唐書卷二一禮樂志云：「五弦如琵琶而小，北國所出。舊以木撥彈，樂工裴神符初以手彈，太宗樂甚，

後人習爲搊琵琶。」又唐會要卷三三讌樂條云：「貞觀末，有裴神符者，妙解琵琶，作勝蠻奴、火鳳、傾盃樂三曲，聲度清美，太宗深愛之。高宗末，其伎遂盛。」

⑩見全唐文卷四〇八。

⑪全唐詩卷二九〇楊凝「從軍行」。

⑫全唐詩卷二八二李益「登夏州城觀送行人賦得六州胡兒歌」。

⑬全唐詩卷一九九岑參「酒泉太守席上醉後作」。

⑭全唐詩卷五七七温庭筠「敕勒歌」。

⑮石田幹之助：長安の春、胡旋舞小考。向達：唐代長安與西域文明、柘枝舞小考。

⑯胡騰之舞容，憑此二詩，尚難拘稽。近年於西安東郊發掘之唐蘇思勗墓，墓壁有樂舞圖一幅，疑即胡騰舞容。考見熊培庚「唐蘇思勗墓壁畫樂舞圖」。

第二節　與西域僧侶之文字交

佛教蓋於西漢哀帝時傳入中國①，迄東漢明帝時，已流行於朝野②。自是，西天入華傳法之梵僧，即絡繹於途。六朝之際，佛教在華已深植不可動搖之根基。爰至初唐，因社會安定，中國遂成爲一地域廣而徒衆多之理想教區，自西域梯山航海而來之僧侶，益見衆多，於僧籍唐文中可考得名號者，凡五十五人，其國籍包括五天竺諸國、康國、何國、高昌、于闐、覩火羅、疏勒、龜茲等③；其人在唐，頗受朝野之重視，而文人雅士，亦有與結文字之交者，茲分述於後。

㈠皇甫曾與明楚上人　皇甫曾，字孝常，冉之弟也。天寶十二載（七五三）登進士第，歷侍御史。坐事徙舒州司馬，陽翟令。善詩，出王維之門，與兄名望相亞，當時以比張氏景陽、孟陽云④。全唐詩卷二一〇皇甫曾「錫杖歌送明楚上人歸佛川」云：

上人遠自西天至，頭陀行遍南朝寺。口翻貝葉古字經，手持金策聲泠泠。護法護身惟振錫，石瀨雲溪深寂寂。乍來松徑風露寒，遙映霜天月成魄。後夜空山禪誦時，寥寥挂在枯樹枝。眞法嘗傳心不住，東西南北隨緣路。佛川此去何時迴？應眞莫便遊天台。

明楚上人，諸僧籍失載，皇甫曾既稱其「遠自西天至」，又能「口翻貝葉古字經」，蓋爲來自西域之胡僧無疑。貝葉卽貝多羅葉，或略稱貝多葉，爲多羅樹葉，產於印度，可代紙用，以寫經書，可保存五、六百年⑤。貝葉經書之體制，見載於大業拾遺錄。太平御覽卷九六〇引杜寶大業拾遺錄云：

洛陽翊津橋通翻經道場東街，其道場爲婆羅門僧及新毒僧十餘人新翻諸經。其所翻諸經本從外國來，用貝多葉書，書印今胡書體。貝多葉長一尺五、六寸，濶五寸許，葉似枇杷而厚大，橫作行書，隨經多少，縫綴其一邊怗怗然。

唐代東來梵僧，多攜帶此類經典，高僧傳略，或稱之爲經夾，或稱之爲梵夾，或稱之爲多羅夾⑥。我國自魏晉以來，譯經之事，均需結合大量人力，於譯場進行，而主其事者，爲佛學之大師。翻譯時，先由梵經譯出其文，隨講其義。故譯場之主譯除玄奘、義淨等少數華僧外，幾全屬域外來遊之蕃僧，而博通華言如鳩摩羅什，曇無讖者復屈指可數，蓋均需依賴譯語人員以助成之⑦。今明楚上人能「口翻貝葉古字經」，且使皇甫曾曉悉經義，疑其人必嫻於唐語。如此高僧，失載於僧籍，可能係因其盤桓於淮南，未至長安之故也。此就皇甫曾詩「頭陀行遍南朝寺」之語，或即可推知其底蘊，蓋南朝者，指南朝所都之建康，唐昇州、揚州一帶也。

復次，由曹詩「頭陀行遍南朝寺」、「應眞莫便遊天台」諸句，可知皇甫曾與明楚結交於淮南一帶；皇甫曾於天寶十二載（七五三）登第，歷侍御史而貶舒州司馬。舒州屬淮南道，位長江北岸，地近昇、揚，皇甫曾與明楚上人結交，當在其地。至其結交時間，殆於肅宗、代宗之際。

㈡耿湋與海明上人　耿湋，字洪源，河東人。登寶應元年（七六二）進士第。初爲大理司法；充括圖書使至江、淮，窮山水之勝。仕終右拾遺。湋詩才俊爽，意思不群，不深琢削，而風格自勝，與錢起、盧綸、司空曙諸人齊名，號大曆十才子⑧。全唐詩卷二六八耿湋「贈海明上人」云：

來自西天竺，持經奉紫微，年深梵語變，行苦俗流歸。月上安禪久，苔生出院稀。梁間有馴鴿，不去復何依。

海明上人，不見於諸僧傳，惟耿湋詩既稱其「持經奉紫微」，則其人蓋亦遠齎梵典來獻朝廷者。有唐政府殆亦准一般對待西域僧侶成例，安置海明於長安佛寺之中。詩稱「年深梵語變」，可見海明已來華有年。至其畜養馴鴿，則係源出波斯之風習。國史補卷下云：「南海舶，外國船也。每歲至安南、廣州。……舶發之後，海路必養白鴿為信，舶沒，則鴿雖數千里亦能歸也。」酉陽雜俎卷下亦云（南部新書已集略同）：「鴿，大理丞鄭復禮言：波斯舶上多養鴿，鴿能飛行數千里。輒放一隻至家，以為平安信。」海明上人雖不一定為波斯人，其所養鴿，可能係來唐時搭乘海舶，由舶上攜來者也。

至於耿湋與明楚結文字之交於何時，以明楚之行迹無考，難以遽斷，然耿湋既有名於大曆間，此詩殆作於肅宗、代宗之時乎？

㈢韓愈與譯經僧　韓愈，字退之，鄧州南陽人。代宗大曆三年（七六八）生，穆宗長慶四年（八二四）卒。三歲而孤，自知讀書，刻苦為學，盡通六經百家。貞元八年（七九二）登進士第。操行堅正，鯁言無所忌。為官屢被黜貶。初為監察御史，上疏極論時事，貶陽山令。元和（八〇六～八二〇）中，再為博士，進中書舍人，又改庶子。裴度討淮西，請為行軍司馬。以功遷刑部侍郎。諫迎佛骨，謫潮州刺史，移袁州，穆宗卽位，召拜國子祭酒、兵部侍郎，轉吏部。卒，贈兵部尙書，諡曰文。愈自比孟軻，闢佛老異端。文自魏晉以來，拘以偶對，體氣日衰，至愈倡爲散文，一返之古，蘇軾譽之爲「文起八代之衰，道濟天下之溺」；而爲詩豪放，不避巉險，唐詩風格之變，亦自愈始焉⑨。全唐詩卷三四五韓愈「贈譯經僧」云：

　　萬里休言道路賒，有誰敎汝度流沙；只今中國方多事，不用無端更亂華。

按我國佛典之翻譯，向采集體工作方式在譯場進行，而其進行程序，約略以隋爲分界，別爲二種。隋以前主譯在大衆前行翻行講，在場者皆可與主譯辯論經義，譯場爲一組織鬆懈之集合體；隋以後則選集專才，由主譯領導，閉門研習佛經幽旨，分工合作，以定譯文，譯場爲一組織緊密而具高效率之學術團體⑩。唐代譯場內設官分職，規模龐大，置譯主、筆受（或稱綴文）、譯語（或稱度語、傳語）、證梵本、證梵義、讀梵本（或稱宣梵本）、潤文、證譯、梵唄、校勘、監護大使、正字等。譯文多以齎貝葉書之三藏，或明練顯密二敎者充之，唐時玄奘、義淨以外，譯主率爲外僧，地婆羅訶羅、提雲般若、尸羅達摩均嘗任之。而譯語、證梵本、證梵義、讀梵本、證譯等職，尤多外人，此則不限僧侶，蕃客大首領，居士但言通華梵，學綜空有者，皆可充當。諸如沙門戰陀曾爲提雲般若、菩提流志兩譯場譯語，東印度婆羅門大首領直中書伊舍羅爲跋日羅菩譯場譯語，婆羅門李無諂爲阿爾眞那、菩提流志兩譯場譯語，慧智曾爲地婆訶羅、寶思惟兩譯場證梵本，達摩難陀、居士東印度首領伊舍羅均曾爲義淨譯場證梵文，沙門曷利末底、烏帝提婆、居士中印度李釋迦、度頗多（菩提流志譯場有直中書度頗具譯梵文，顯爲一人。）讀梵本，中印度王使沙門梵摩於菩提流志譯場同宣梵本，慧智爲菩提流志譯場證譯，智嚴爲玄宗朝諸譯場證譯，義淨譯場證譯則有居士東印度瞿曇金剛、迦溫彌國王子阿順等。其時譯場徧布兩京，長安之崇福、慈恩、大薦福、大興善、清禪、西明等寺，洛陽之太原、大周東、大徧空、白馬、福先、佛授記等寺，均曾設譯場⑪。

今韓愈詩但題「贈譯經僧」，其詩究於何時何地贈與何人，實難究詰。

復次，以詩文相贈，本爲顯示友誼，增添情愫，韓愈「贈譯經僧」先謂「萬里休言道路賒，有誰教汝度流沙」，似有迢迢跋涉，苦由自取之意；繼作「只今中國方多事，不用無端更亂華」，直聲色俱厲，拒人千里，豈非與贈詩原意背道而馳？質其所以致此，蓋出於韓愈畢生以闢佛老爲職志，而闢佛之理，又出於佛爲夷狄之人，敎爲夷狄之敎，奉而信之，是用夷狄變夏，非智者所爲也。其言如全唐文卷五四八諫佛骨表云：

佛本夷狄之人，與中國言語不通，衣服殊製。口不言先王之法言，身不服先王之法服；不知君臣之義，父子之情。假如其身至今尙在，奉其國命，來朝京師，陛下容而接之，不過宣政一見，禮賓一設，賜衣一襲，衞而出之於境，不令惑衆也。

又全唐文卷五五八「原道」云：

孔子之作春秋也，諸侯用夷禮則夷之，進於中國則中國之。經曰：「夷狄之有君，不如諸夏之亡。」詩曰：「戎狄是膺，荆舒是懲。」今也擧夷狄之法而加諸先王之敎之上，幾何其不胥而爲夷也。

故韓愈與沙門交遊，間有以詩文相贈送者，其行文時亦流露批佛崇儒意識，如「送靈師」之「佛法入中國，爾來六百年。齊民逃賦役，高士著幽禪。官吏不之制，紛紛聽其然。耕桑日失隸，朝署時遺賢」⑫；「送僧澄觀」之「浮屠西來何施爲？擾擾四海爭奔馳。構樓架閣切星漢，誇雄門麗止者誰」⑬；「送浮屠文暢師序」稱「文暢浮屠也，如欲聞浮屠之說，當自就其師而問之，何故謁吾徒而來請也？彼見吾君臣父子之懿文物事爲之盛，其心有慕焉，拘其法而未能入，故樂聞其說而請之；如吾徒者，宜當告之以二帝三王之道，日月星辰之行，天地之所以著，鬼神之所以幽，人物之所以蕃，江河之所以流而語之，不當又爲浮屠之說而瀆告之也。」⑭是韓愈無時不留意以儒道感化佛徒，以遂其「人其人」之主張；第澄觀、文暢究爲華夏之人，故語氣較爲溫和，遇譯經外僧，不稍假詞色，其亦可想而知矣。

(四)劉禹錫與義舟及眼醫婆羅門僧　劉禹錫生平已見前節。全唐詩卷三五九收其「送義舟師却還黔南幷引」云：

黔之鄉，在秦楚爲爭地，近世人多過言幽荒以談笑，聞者又從而張皇之，猶夫東蘊逐原燎，或近乎語妖。適有沙門義舟，道黔江而來，能畫地爲山川，及條其風俗，纖悉可信。且曰：「貧道以一錫遊他方衆矣，至黔而不知其遠。始遇前節使，而聞今節使益賢而文，故其佐多才士，麾圍之下，曳裾秉筆，彬然與兔園同風。蕃僧以外學嗜篇章，時或攝衣爲末至客。其來也，約主人乘秋風而還，今乞詞以颺之，如捧意珠，行住坐臥，知相好耳。」余曰：「唯。」命筆爲七言以應之。

黔江秋水浸雲霓，獨泛慈航路不迷。猿狖窺齋林葉動，蛟龍聞咒浪花低。如蓮半偈心常悟，問菊新詩手自攜。常說摩圍似靈鷲，却將山屐上丹梯。

義舟行歷，未能詳考，其人既以「蕃僧」自稱，又「常說摩圍似靈鷲」，殆爲系出西域者。其「以外學嗜篇章」，爲西域諸僧中所罕見；求詩於劉禹錫，禹錫不以夷狄外道爲嫌，慨然允諾，誠佳話也。按黔州卽今四川南部之彭水附近，摩圍山卽在彭水縣西⑮。引稱義舟「道黔江而來」，「乘秋風而還」，則禹錫贈義舟詩處，應在黔江流域，黔州之西或西南。考劉禹錫元和十年（八一五）自朗州司馬召還長安，尋出爲播州刺史，至長慶元年（八二一）轉刺夔州。播州在今貴州省北部之遵義，境接黔水，在黔州西南。然則禹錫與義舟結文字交，疑在元和十年與長慶元年間劉禹錫刺播州時。

劉禹錫與西域僧侶之另一文字交，見全唐詩卷三五七「贈眼醫婆羅門僧」，詩云：

三秋傷望眼，終日哭途窮。兩目今先暗，中年似老翁。看朱漸成碧，羞日不禁風。師有金篦術，如何為發蒙。

按西域梵僧，多通五明。五明者，聲明、工巧明、醫方明、因明、內明。醫方明主究「禁咒閑衺，藥石針艾」⑯，故唐時東來傳教蕃僧，多擅歧黃之術，續古今譯經圖記卷一稱地婆訶羅「兼洞五明」，菩提流志「陰陽曆數，地理天文，咒術醫方，皆如指掌」，那提嘗奉勅「往崑崙諸國採取異藥」，皆可為證。其人在唐生活，蓋傳教譯經之外亦兼行醫，此為史籍小說所並載者也⑰。西方醫術之長於眼科者，以大秦為最著，通典卷一九三引杜環經行記，有「大秦善醫眼及痢。或未病先見，或開腦出蟲」之記載。大和三年（八二九）南詔陷成都，虜掠民衆，其中卽有「醫眼大秦僧」⑱。大秦卽東羅馬帝國，其地當今伊士坦堡一帶。大秦而外，中亞諸國人亦有長於眼科醫術者，開元二十八年（七四〇）康國曾遣使獻水晶眼藥瓶子⑲，可以為證。疑其術係由西方東傳者。

蕃胡醫術，雖頗得唐人信賴，然治療失敗之記載，亦嘗見於唐籍，其與眼科有關者，如元開唐大和上東征傳云：

時大和上頻經炎熱，眼光暗昧。爰有胡人，言能治目，遂加療治，眼遂失明。

鑑眞「眼光暗昧」，經胡人治療遂至失明，其人之醫術可稱並不高明。

與劉禹錫結交之眼醫婆羅門僧，名號無可考，旣以「婆羅門」稱之，當爲五印度種。禹錫之識此耆僧，蓋以眼疾求醫於其人。就詩中「終日哭途窮」、「中年似老翁」語推測，此詩殆元和十年（八一五，禹錫四十三歲）至太和二年（八二八，禹錫五十六歲）間禹錫爲外郡刺史時所作者也。

(五)劉言史與迦攝　劉言史，邯鄲人，少尙氣節，不舉進士。工詩，美麗恢贍，世少其倫。與李賀、孟郊同時爲友。冀鎭節度使王武俊頗好詞藝，言史造之，特加敬異。後表薦請官，詔授棗強令，辭疾不受，時人敬之，稱爲劉棗強。李夷簡與言史少同遊習，旣節度漢南，以襄陽髹器千事賂武俊請之，由是爲漢南幕賓。署司空掾。尋奏升秩，詔下而卒。葬於襄陽⑳。言史與迦攝之文字交，見於全唐詩卷四六八「送婆羅門歸本國」，詩云：

刹利王孫字迦攝，竹錐橫寫叱羅葉。遙知漢地未有經，手牽白馬遶天行。龜茲磧石胡雪黑，大師凍死來不得。地盡年深始到船，海裏更行三十國。行多耳斷金環落，冉冉悠悠不停脚。馬死經留却去時，往來應盡一生期。出漠獨行人絕處，磧西天漏雨絲絲。

迦攝之里籍行跡，未見於僧傳，然言史此詩敍述頗詳，細加推敲，尙可藉以考知一二。

詩云：「剎利王孫字迦攝，竹錐橫寫叱羅葉。」按剎利卽剎帝利，印度之王族也。大唐西域記卷二云：

若夫族姓殊者，有四流焉：一曰婆羅門，淨行也——守道居貞，潔白其操。二曰剎帝利：原註：舊曰剎利，譌也。王種也——奕世君臨，仁恕爲志。三曰吠屠，商賈也——貿遷有無，逐利遠近。四曰戍陀羅，農人也——肆力疇隴，勤身稼穡。

又按叱羅葉卽多羅葉，說已見前。

詩云：「遙知漢地未有經，手牽白馬繞天行。龜茲磧石胡雪黑，大師凍死來不得。」按外蕃入唐要道，詳載於唐籍者有二，卽大唐六典及新唐書地理志。六典戶部尚書第三記凡天下十道，其中關內道控北蕃突厥之貢獻，河南道控海東新羅、日本之貢獻，河北道控契丹、羌、靺鞨、室韋之貢獻，隴右道控西域胡戎之貢獻，嶺南道控百越及林邑、扶南之貢獻；此蓋玄宗以前四夷入唐經由之關口。新唐書卷四三下地理志引貞元宰相賈耽記邊州入四夷道有七，其與西域、南海相通者，爲第四道之中受降城入回鶻道、第五道之安西入西域道、第六道之安南通天竺道及第七道之廣州通海夷道；賈耽所記，皆採自「四夷通譯於鴻臚者」，故所謂「入四夷道」，實卽四夷入唐之主要通道。綜而言之，由西域入唐之主要交通路線，陸路與海路各一。陸路經由隴右道，出玉門或陽關而至沙州，沿瓜、肅、甘、涼至蘭州，自此或沿原、涇、汾州，或沿渭、隴、歧州，均可抵長安。海路則經由嶺南道，乘海船自廣州登陸，沿北江至韶州，分爲兩支，其一越大庾嶺出處、吉、洪、江、蘄、鄂、郢等州至襄州，是爲江西路；其一西北經郴、衡至潭州，從此或經岳州，復至江陵，或經朗州、澧州至江陵，再北上襄州與江西道合，是爲湖南路。由廣州復有一道，循西江經端、康、梧、富至桂州，東北折經永州而至衡州，與湖南路合，是爲桂州路。江西、湖南兩路於襄陽滙合，北上鄧州，東北經汝州入洛陽；西北經武關商州抵長安。至於乘海船至交州登陸者，可循瀼、邕、横、象等州而至桂州，取桂州路至兩京。西域蕃旅入唐，於代宗以前，陸路多采隴右道，惟自代宗初河西、隴右陷沒於吐蕃，瓜沙路絕，須繞道經回鶻，經由關內道入境，路險而遠，其知之者多取海路入唐。迦攝之來華，本伴隨「大師」，途經龜茲，蓋取陸路，迨「大師」凍死於途，又棄此途而南折，改乘海船。

詩云：「地盡年深始到船，海裡更行三十國。行多耳斷金環落，冉冉悠悠不停脚。」按由龜茲赴海乘船，可先西行經碎葉及昭武九姓各國，南折而沿西印度至師子國上船；或可經罽賓穿越北印度至底栗羅耽上船。玄奘及義淨曾經歷此線之部分國家。登船之後，須繞行今麻六甲海峽、經越南而至交、廣。唐時梵僧來華，多采此路，智慧及金剛智卽其中代表。宋高僧傳卷一釋智慧傳云：

釋智慧者，梵名般刺若也。姓憍答摩氏。北天竺迦畢試國人。……常聞支那大國，文殊在中，錫指東方，誓傳佛教。及泛海東邁，垂至廣州，風飄却返，抵執師子國之東。又集資糧，重修巨舶，遍歷南海諸國，二十二年，再近番禺。

又金剛智傳云：

釋跋日羅菩提，華言金剛智。南印度摩賴耶國人也。……父婆羅門，善五明論，爲建支王師。智生數歲，日誦萬言，……十餘年全通三藏。次復遊師子國，登楞伽山，東行佛誓，裸人等二十餘國。聞脂那佛法崇盛，泛舶而來，以多難故，累歲方至。開元己未歲（按卽開元七年，七一九）達于廣府。

言史所詠，可謂信而有徵。

詩云：「馬死經留却去時，往來應盡一生期。出漠獨行人絕處，磧西天漏雨絲絲。」按入唐梵僧嘗從事譯經者，多受供養，終老於唐，中唯彌陀山及般刺密帝等極少數之例外；至若善無畏者，譯事既畢，求還西域，玄宗亦不之許㉑。迦攝經留人去，可能因爲其人並非大德高僧，亦未參與翻譯工作之故也。至其西歸途程，詩既云「出漠獨行」、「磧西天漏」，殆經由陸路。德宗、憲宗之時，河湟路絕，瓜、沙未通，由陸路赴西域者，必須繞道回鶻。宋高僧傳卷三載貞元間尸羅達摩入唐，「爲沙河不通，取迴鶻路」，可爲明證。取回鶻路者，其在唐境所歷，可由關內道亦可由河北道。全唐詩卷四六八劉言史詩中有涉及胡僧者，敍其人之往來，蓋皆經由陸路，如：

「病僧」二首之一云：竺國鄉程算不回，病中衣錫徧浮埃；如今漢地諸經本，自過流沙遠背來。

之二云：空林衰病臥多時，白髮從成數寸絲；西行却過流沙日，枕上寥寥心獨知。

「代胡僧留別」云：此地緣疏語未通，歸時老病去無窮；定知不徹南天竺，死在條支陰磧中。

或言西過流沙，或稱條支陰磧，其捨舟從陸甚明。由此亦可證明迦攝所行，乃當時蕃僧所常行之道路也。

至於劉言史與迦攝之文字交情結於何時何地，惜「送婆羅門歸本國」一詩未及，而難以斷定。然就言史所存詩篇而得知其平生遊踪至廣，由北至南包括趙州、貝州、潞州、洛陽、潤州、江陵、桂州、廣州等地㉒；然其出任幕職，以在王武俊府中爲最長，武俊於德宗興元元年（七八四）拜節度使㉓。迦攝雖乘海舶入唐，然西歸則由陸路，若身在江南，返鄉時必無取行陸路之理，疑劉言史與迦攝相識，乃在黃河以北，豈卽在德宗貞元（七八五～八〇四）間任職王武俊幕府時乎？

㈥趙嘏與金剛三藏　趙嘏，字承佑，山陽人，會昌二年（八四二）登進士第，大中（八四七～八五九）間終於渭南尉，年方四十餘。嘏爲詩贍美，多興味，杜牧嘗愛其「長笛一聲人倚樓」之句，吟歎不已。人因目爲趙倚樓㉔。全唐詩卷五四九趙嘏「贈金剛三藏」云：

心法云無住，流沙歸復來。錫隨山鳥動，經附海船回。洗足柳遮寺，坐禪花委台，惟將一童子，又欲過天台。

「金剛三藏」之「金剛」係法號，「三藏」係尊稱。宋高僧傳卷二善無畏傳云：

〔善無畏〕卽日灌頂爲人天師，稱曰三藏。夫三藏之義者，則內爲戒定慧，外爲經律論，以陀羅尼總攝之也。

是沙門非兼具內在修養與學術修養之最高境界者，不能稱爲三藏。唐代梵僧法號金剛而堪稱三藏者有金剛智、不空金剛與金剛悉地三人。

金剛智爲印度所傳密宗之第五祖，亦爲中國密宗之始祖，爲少數直接授法唐人外僧之一。宋高僧傳卷一金剛智傳云：

釋䟦日羅菩提，華言金剛智，南印度摩賴耶國人也。……隨師往中印度那爛陀寺，學修多羅阿毗達磨等……又詣西印度學小乘諸論及瑜珈三密陀羅尼門。十餘年，全通三藏……開元己未歲（七一九）達于廣府，勅迎就〔長安〕慈恩寺，尋徙薦福寺。所住之剎，必建大曼拏羅灌頂道場，度於四衆。大智、大慧二禪師，不空三藏，皆行弟子之禮焉……自開元七年（七一九）始屆番禺，漸來神甸，廣敷密藏。建曼拏羅，依法製成，皆感靈瑞，沙門一行欽尚斯教，數就諮詢，智一一指授，曾無遺隱，一行自立壇灌頂，遵受斯法……〔智以開元〕二十年（七三二）……寂然而化。

不空金剛則為中國密宗之第二祖，於玄宗、肅宗、代宗之朝為國師。其人少居中國，年十五出家，師事金剛智，中年嘗赴師子國廣求密藏，後復歸唐，大弘法教。宋高僧傳卷一不空傳云：

釋不空，梵名阿目佉跋折羅，華言不空金剛，止行二字，略也。本北天竺婆羅門族。幼失所天，隨叔父觀光東國。年十五師事金剛智三藏。初導以梵本悉曇章及聲明論，浹旬已通徹矣。師大異之，與受菩薩戒，引入金剛界大曼荼羅，驗以擲花，知後大興法教。……師之翻經，常令共譯。……授與五部灌頂護摩阿闍梨法及毗盧那經蘇悉地軌則等，盡傳付之。厥後師往洛陽，隨侍之際，遇其示滅。……曾奉遺旨，令往五天拜師子國，遂議遐征。初至南海郡，……於法性寺相次度人百千萬衆。〔開元〕二十九年（七四一）十二月，附崑崙舶離南海。……既達師子國，……始見普賢阿闍梨，……受五部灌頂。空自爾學無常師，廣求密藏，及諸經論五百餘部。……次遊五印度境。……至天寶五載（七四六）還京。……奉勅權止鴻臚，續詔入內，立壇爲帝灌頂。天寶八載（七四九），許迴本國，乘驛騎五匹至南海郡，有勅再留。十二載（七五三）勅令赴河隴。節度使哥舒翰所請。十三載（七五四）至武威，住開元寺，節度使洎賓從皆願受灌頂，士庶千人咸登道場。……十五載（至德元載，七五六）詔還京，住大興善寺。至德（七五六～七五七）初，鑾駕在靈武、鳳翔，空常密奉表起居，肅宗亦密遣使求秘密法。……乾元（七五八～七五九）中，帝請入內，建道場護摩法，爲帝受轉輪王位七寶灌頂。……代宗卽位，思渥彌厚。……永泰元年（七六五）制授特進試鴻臚卿，加號大廣智三藏。大曆三年（七六八）於興善寺立道場，……勅近侍大臣諸禁軍使並入灌頂。……九年（七七四）夏……示疾，上表告辭。勅使勞問，賜醫藥，加開府儀同三司，封肅國公，食邑三千戶。……六月……而寂。享年七十。……帝聞，輟視朝三日，賜絹布雜物錢四十萬，造塔錢二百餘萬。……贈司空。謚曰：大辯正廣智三藏。

金剛悉地系出西域，國籍不詳，文宗時與滿月同譯經。宋高僧傳卷三滿月傳云：

釋滿月者，西域人也。爰來震旦，務在翻傳，瑜珈法門，一皆貫練。旣多神效，衆所推欽。開成（八三六～八四〇）中進梵夾，遇僞甘露事去朱旋踵，朝廷無復紀綱，不暇翻譯。時悟達國師知玄，好學聲明，禮月爲師。……因請翻諸禁咒。乃與菩薩嚩日羅、金剛悉地等重譯出陀羅尼集四卷……月等俱不測其終。

按趙嘏會昌二年登第，大中間以四十餘歲之中年卒，上推其出生，約在憲宗元和（八〇六～八二〇）初。金剛智卒於開元二十年（七三二），非嘏所及見，決無以詩投贈之可能；不空金剛卒於大曆九年（七七四），雖較金剛智爲晚，然亦在嘏出生之前，唐人又習慣以「不空三藏」稱之㉕，故其事跡雖與嘏詩「流沙歸復來」極爲符合，恐亦非受贈之人。三人之中，唯金剛悉地與嘏同時，疑此「金剛三藏」卽金剛悉地。

又張彥遠歷代名畫記卷九亦有「金剛三藏」其人，係師子國人，「善西域佛像，運筆持重，非常畫可擬。東京廣福寺本塔下素像，皆三藏起樣。」按張彥遠於僖宗乾符（八七四～八七九）中官大理寺卿㉖，與金剛悉地同時，則此善畫之金剛三藏，亦悉地乎！

趙詩有「流沙歸復來」語，金剛三藏蓋嘗返鄉而復來者。金剛悉地文宗時在長安，武宗會昌中似仍未去。圓仁入唐求法巡禮行記卷三會昌三年（八四三）條云：

〔三月〕二十七日，軍容有帖，喚當街諸寺外國僧。廿八日早朝入軍裡，靑龍寺南天竺三藏寶月等五人，興善寺北天竺三藏難陁一人，慈恩寺師子國僧一人，資聖寺日本國僧三人，諸寺新羅僧等，更有龜兹國僧不得其名也，都計二十一人，同集左神策軍。

師子國僧見於唐籍者不多，圓仁所見者，蓋卽金剛悉地。此等蕃僧，至會昌五年（八四五）均被勒令還俗，遞還本國。入唐求法巡禮行記卷四會昌五年條云：

有敕云：外國〔僧〕等，若无祠部牒者，亦勒還俗，遞歸本國者：西國北天竺三藏難陀在大興善寺，南天竺三藏寶月兼弟子四人……在青龍寺，並无唐國祠部牒，……功德使准敕，配入還俗例。

圓仁雖未提及師子國僧是否有祠部牒，惟在圓仁返國離長安前入京兆府請公驗，「西國三藏等七人，亦同在府請公驗」，以人數推知，師子國僧必在其中。然則金剛三藏似會昌毀佛時西歸，至大中時復來者。而趙嘏與之結文字交，當亦在宣宗時矣。

茲綜合有關資料，擬作金剛悉地小傳：金剛悉地，師子國人。唐文宗開成中，與蕃僧滿月於長安翻譯諸禁咒。嗣會昌毀佛，悉地遞返本國。大中時齎梵夾由海路復來。旣獻經，乃携一童子將遊五台，詩人趙嘏以一絕相贈，遂行，後不知所終。悉地善畫，長於佛像，張彥遠稱其「運筆持重，非常畫可擬」。東京廣福寺本塔下畫像，卽其起樣焉。

此外，唐人小說中尙有西域僧金剛仙其人，開成間駐錫嶺南，能咒物拘鬼，事見太平廣記卷九六金剛仙條引傳奇：

唐開成中，有僧金剛仙者，西域人也。居於清遠峽山寺，能梵音，彈舌搖錫而咒物，物無不應；善囚拘鬼魅，束縛蛟螭，動錫杖一聲，召雷立震。是日，峽山寺有李朴者，持斧翦巨木，刳而爲舟，忽登山見一磐石，上有穴，覩一大蜘蛛，足廣尺餘，四虵嚙卉，窒其穴而去。俄聞林木有聲，暴猛吼驟，工人懼而緣木伺之，果覩枳首之虺，長可數十丈，屈曲蹙怒，環其蛛穴，東西其首，俄而躍西之首，吹穴之卉，團而飛去，穎脫俱盡，後迴東之首，大劃其目，大呀其口，吸其蜘蛛，蜘蛛馳出，以足擒穴之口。……虺遂倒於石而隕。蛛躍出，緣虺之復，咀內齒折，二頭俱出絲而囊之，躍入穴去。朴訝之，返峽山寺語金剛仙，仙乃祈朴驗穴，振環杖而咒之，蛛卽出於僧前，儼若神聽。及引錫觸之，蛛乃殂於穴側。及夜，金剛仙夢見老人捧匹帛而前曰：「我卽蛛也，復能織耳。」禮金剛仙曰：「願爲福田之衣。」語畢遂亡。僧及覺，布已在側，其精妙奇巧，非世蘭絲之所能製也。僧乃製而爲衣，塵垢不觸。後數年，僧往番禺，泛舶歸天竺。

金剛仙雖有金剛名號，且開成間在唐，嘗返天竺，然小說家言，涉於神怪，難以盡信，蓋非趙嘏所友之人。惟既見載籍，姑錄於此，以俟後考。

㈦清江、周賀、崔塗、李洞與不知名胡僧　唐代自西域來華僧侶之名號可考者唯數十人㉗，且其時代集中在憲宗以前㉘，然不得謂除名號可考者外別無傳教僧侶，更不得謂元和以後梵僧絕跡也。蓋梵僧之名號，多以音譯，而國人通梵語者絕少，梵僧之法號較常見若「金剛」、「難陀」、「達摩」者，國人或尚能直呼，否則但通稱之爲「胡僧」，此所以僧名罕見於載籍也。又考查唐代梵僧名號，多由宋高僧傳，佛祖統紀等佛教書籍；此等書籍又多自開元釋教錄、大唐續開元釋教錄、貞元新定釋教目錄等書取材，諸錄所載外僧則均嘗與朝廷有所牽連，或曾獻經，或曾參與譯場事務者，否則便無一詞相及，誠所謂掛一漏萬者也。

故有唐中葉以前，梵僧在華者絕不止數十人；有唐中葉以後視前期亦未稍減，但其人皆名號不彰而已。此於僧籍以外書籍，均可尋得確證。如資治通鑑卷一九五太宗貞觀十三年（六三九）條云：

太史令傅奕精究術數之書，而終不之信，遇病，不呼醫餌藥。有僧自西域來，善咒術，能咒人立死，復咒之使蘇。上擇飛騎中壯者試之，皆如其言。以告奕。奕曰：「此邪術也。臣聞邪不干正，請使咒臣，必不能行。」上命僧咒奕，奕初無所覺，須臾，僧忽僵仆，若爲物所擊，遂不復蘇。又有婆羅門僧，言得佛齒，所擊前無堅物。長安士女輻湊如市。時奕臥疾，謂其子曰：「吾聞有金剛石，性至堅，物莫能傷，唯羚羊角能破之，汝往試焉。」其子往見佛齒，出角叩之，應手而碎，觀者乃止。奕臨終，戒其子無得學佛書。

按傅奕以正氣壓胡僧事，並見載於隋唐嘉話卷中、劉賓客嘉話錄、李冗獨異志卷上、大唐新語卷十及國朝雜記㉙，此胡僧應極爲有名，而法號竟無可考。正史所載尚且如此，其見於稗官雜說者，更不待言。如酉陽雜俎卷十二云：

大歷（七六六～七七九）末，禪師元覽往荊州陟屺寺，道高。……忽一夕，有梵僧撥戶而進曰：「和尚速作道場。」覽言「有爲之事，吾未嘗作。」僧熟視而出，反手闔戶，門扃如舊。覽笑謂左右：「吾將歸矣！」遂遽浴訖，隱几而化。

又桂林風土記延齡寺聖像條云：

此地元本荊榛，先無寺宇，因大水漂流巨材至。時有工人，操斧斤斫伐，將欲下斫，忽見一梵僧立在木傍，有云：「此木有靈，爾宜勿伐。」既而罷去。又有洗蔬者於其上時浮，濯韮辛於其上則沈，雅契梵僧之言。由是感知有靈，遂刻削爲佛。

諸如此類情事，凡西域僧侶，唐籍蓋皆稱爲「胡僧」、「梵僧」，此殆已爲唐人習慣，而詩人行文，似亦不能免俗，投贈胡僧詩篇，清江標題「送婆羅門」、周賀標題「贈胡僧」、崔塗標題「送僧歸天竺」、李洞標題「送三藏歸西天國」，其詩作於何時何地，對象姓甚名誰，因資料不詳，遂不可考。

清江，會稽人，善篇章。大曆、貞元間與清晝齊名，稱爲會稽二清㉚。全唐詩卷八一二收其「送婆羅門」云：

雪嶺金河獨向東，吳山楚澤意無窮。如今白首鄉心盡，萬里歸程在夢中。

此婆羅門蓋在唐有年，夏臘已高者也。

周賀，字南卿，東洛人。初居廬嶽爲浮屠，名清塞，客南徐亦久，後來往少室、終南間。工爲近體詩，格調清雅，與賈島、无可齊名。寶曆（八二五～八二六）中，姚合守錢塘，因攜書投刺以丐品第，合大愛其詩，延待甚異，因加以冠巾，便復姓字㉛。全唐詩卷五〇三收其「贈胡僧」云：

瘦形無血色，草屨着行穿。閒話似持咒，不眠同坐禪。背經來漢地，袒膊過冬天。情性人難會，遊方應信緣。

此胡僧蓋嘗携經來唐，以苦行修持者也。

崔塗，字禮山，江南人。光啓四年（八八八）進士。工詩，深造理窟，能竦動人意，寫景狀懷，往往宣陶肺腑。窮年羈旅，壯歲上巴、蜀，老大遊龍山；家寄江南，每多離怨之作㉜。全唐詩卷六七九收其「送贈歸天竺」云：

忽憶曾棲處，千峰近沃州。別來秦樹老，歸去海門秋。汲帶寒汀月，禪鄰賈客舟。遙思清興愜，不厭石林幽。

此天竺僧蓋取海路歸鄉者。

李洞，字才江，京兆人，諸王之孫也。家貧，唯極苦於吟詠，至廢寢食。酷愛賈島詩，至鑄其像，事之如神，人有喜島詩者，必手錄島詩贈之。洞詩逼眞於島，新奇或過之。時人但誚其僻澀，而不能貴其奇峭，唯吳融稱之。昭宗時凡三上不第，遊蜀卒㉝。全唐詩卷七二三收其「送三藏歸西天國」云：

十萬里程多少磧，沙中彈舌授降龍。五天到日頭應白，月落長安半夜鐘。

此僧蓋由陸路歸天竺者；味「月落長安」語，似作詩時二人均在西京。

㈧張籍與蠻客　唐時被稱爲「蠻」之外族，可大別爲兩類：其一爲與唐境接壤，地居今雲南一帶之南詔及蒙嶲、越析、浪穹、邆賧、施浪及蒙舍六詔，其往來均由陸路者㉞；其二爲南海環王、扶南、眞臘、盤盤、訶陵、室利佛誓等國，地在今中南半島、馬來半島、印尼、印度洋諸島及治岸，其往來均由海舶者㉟。以上諸國，均見載於新唐書南蠻傳。其地雖當中西交通之要衝，爲西方文化東傳之中途站，然其本身鮮有可足稱道之文化，故入唐人物，不若來自西域者受重視，詩人與之交往者，可謂寥若晨星，就全唐詩搜羅所得，唯張籍耳，茲附誌其事於西域僧侶之後。

張籍，字文昌，和州烏江人，或曰蘇州吳人。生於代宗大曆元年（七六六），卒於文宗太和三年（八二九）。貞元十五年（七九九）登進士第，授太常寺太祝。久之，遷秘書郎。韓愈薦爲國子博士，歷水部員外郎、主客郎中，仕終國子司業。籍爲詩長於樂府，多警句。當時有名之士皆與之遊，如王建、賈島、孟郊諸人集中，多所贈答。籍性狷直，於韓愈多所責諷，而愈不之怪焉㊱。全唐詩卷三八四張籍「送海南客歸舊島」云：

海上去應遠，蠻家雲島孤。竹船來桂浦，山中賣魚鬚。入國自獻寶，逢人多贈珠。却歸春洞口，斬象祭天吳。

又「送蠻客」云：

借問炎舟客，天南幾日行。江連惡谿路，山遶夜郎城。柳葉瘴雲濕，桂叢蠻鳥聲。知君却迴日，記得海花名。

按外國來華使者，唐人習慣以「客」相稱。常見者爲「蕃客」、「胡客」，如全唐文卷三十玄宗命崔琳使吐蕃詔云：「吐蕃向化，遣使入朝……又復蕃客欲還。」又唐大詔令集卷一二八玄宗有「令蕃客國子監觀禮教勅」。通鑑卷一九八太宗貞觀二十年（六四六）十一月：詔祭祀、表疏、朝客、兵馬、宿衞行契給驛。「胡客」胡注云：「四夷朝貢之客」。卽是其例。故此「海南客」、「蠻客」、當亦使節之流。

現存唐人投贈外國人詩篇之涉及南蠻使節者，唯此兩首，皆出自張籍，疑與張籍之里貫經歷，必有相關。張籍貞元十五年（七九七）登第，翌年在和州居喪，貞元十八年（八〇二）居戎幕草章記，逮憲宗元和元年（八〇六）爲太常寺太祝，卽居長安。至元和十一年（八一六）遷國子監助教，十五年（八二〇）除秘書郎。穆宗長慶元年（八二一）韓愈薦爲國子博士，明年除水部郎中。長慶四年（八二四）秋拜主客郎中，任此官三年，於文宗太和二年（八二八）爲國子司業，次年卒於官㊲。是籍自四十一歲卽出任京官，至六十四歲去世爲止，凡二十三年，鮮有離開長安者，頗多機會與蕃客交往；然又不若其出任主客郎中時，以執行職務接觸層面之廣。新唐書卷四六百官志主客郎中條云：

> 主客郎中掌諸蕃朝見之事。殊俗入朝者，始至之州給牒，覆其人數，謂之邊牒。蕃州都督、刺史朝集日，視品給以衣冠袴褶。……參日設食，路由大海者，給祈羊豕皆一。西南蕃使還者，給入海程糧。西北諸蕃則給度磧程糧。蕃客請宿衞者，奏狀貌，年齒。
>
> ……

是西南蕃使之還，均由主客郎中配贈糧料。籍爲此官時，已詩名籍甚，蠻客或以辭行之便，求籍爲詩以壯行色，因有二詩，亦未可定。

至於此二蠻客究爲何國使節，已難考定，唯就張籍詩意推敲，「南海客」由海路返國，當來自南洋島國；「蠻客」既經「江連惡谿路，山遶夜郎城」，夜郎故治在今貴州省石阡縣西南㊳，則其人殆係南詔行人矣。

【附註】

①三國志魏志卷三十裴松之注引魚豢魏略云：漢哀帝元壽元年（西元前二年）博士弟子景盧受大月氏王使伊存口授浮屠經。

②見西域南海史地考證譯叢丁集馮譯馬伯樂撰「漢明帝感夢遣使求經事考證」。

③謝海平：「唐代留華外國人生活考述」第二編第二章第三節。

④參考新唐書卷二〇二皇甫冉附曾傳；唐詩紀事卷二七皇甫曾條；唐才子傳卷三；全唐詩卷二一〇皇甫曾傳。

⑤段成式酉陽雜俎卷十八木篇貝多條。

⑥如宋高僧傳卷二實叉難陀傳稱：「叉與經夾同至洛陽」；崔致遠「唐大薦福寺故寺主翻經大德法藏和尚傳」稱藏「齎華嚴梵夾至」；李華「翻經三藏善無畏行狀」稱其「齎梵夾屆於長安」；宋高僧傳卷三佛陀多羅傳稱其「齎多羅夾，誓化支那」。

⑦曹仕邦：論中國佛教譯場之譯經方式與程序。

⑧參考新唐書卷二〇三文藝傳，唐詩紀事卷三十耿湋條，唐才子傳卷四耿湋傳，全唐詩卷二六八附耿湋傳。

⑨參考新唐書卷一七六韓愈傳，全唐詩卷三三六附韓愈小傳，羅聯添先生「韓愈研究」。

⑩曹仕邦：論中國佛教譯場之譯經方式與程序。

⑪謝海平：「唐代外國人生活考述」第二編第二章第三節。

⑫全唐詩卷三三七。

⑬全唐詩卷三四二。

⑭全唐文卷五五五。

⑮摩圍山，輿地記勝云：獠人呼天曰圍，此言摩天，故名。

⑯見大唐西域記卷二。

⑰唐會要卷八二醫術條載貞觀二十二年（六四八）在金飇門內造延年之藥之天竺方士那羅邇婆寐，同書卷五一識量條載總章元年（六六八）受詔合金丹之東天竺烏荼國婆羅門盧迦逸多，皆胡僧也；胡僧行醫事，如太平廣記卷一〇一刑曹進條引集異記，酉陽雜俎卷一五布條均載。

⑱見全唐文卷七〇三李德裕「第二狀奉宣令更商量奏來者」。

⑲册府元龜卷九七一。

⑳參考全唐文卷七九九皮日休「劉棗強碑」，唐詩紀事卷四六劉言史條，唐才子傳卷四及全唐文卷四六八劉言史傳。

㉑均見宋高僧傳卷二。

㉒全唐詩卷四六八劉言史詩有：春過趙墟，葛巾歌（原註：貝州漳南縣贈楊烱爛）、觀繩使（原注：潞府李相公席上作）、北原情、夜泊潤州江口、江陵客留別樊尚書、桂江中題香頂臺、廣州王園寺伏日即事寄北中親友。

㉓舊唐書卷一四一王武俊傳載：興元元年德宗罪已，授武俊檢校兵部尚書成德軍節度使；三月，加司空同中書門下平章事兼幽州、盧龍兩道節度使。

㉔參考唐詩紀事卷五六趙嘏傳、唐才子傳卷七及全唐詩卷五四九趙嘏傳。

㉕如趙遷即有「大唐故大德贈司空大辨正廣智不空三藏行狀」。

㉖見四庫全書總目提要卷一一二子部藝術類法書要錄提要。

㉗張星烺中西交通史料滙篇第六册第八十六節云：「吾查宋高僧傳及佛祖統紀等書，唐憲宗元和以後，百有餘年，印度高僧來傳教者，竟無一人，其故吾不得而知矣。」

㉘同③。

㉙國朝雜記，見太平廣記卷二八五胡僧條引。

㉚參考唐詩紀事卷七二清江條，唐才子傳卷三靈一傳，全唐詩卷八一二清江條。

㉛參考唐才子傳卷六清塞傳，全唐詩卷五〇三周賀傳。

㉜參考唐詩紀事卷六一崔塗條，唐才子傳卷九，全唐詩卷六七九崔塗傳。

㉝參考唐詩紀事卷五八李洞條，唐才子傳卷九，全唐詩卷七二一李洞傳。

㉞岑仲勉「六詔所在及南詔通道一段之今地」云：概言之，南詔之先，遷自永昌，六詔大致環洱海而居，越析、蒙嶲、蒙舍偏於海東，三浪偏於海西，最北者百劍川、浪穹，最南者曰蒙舍。

㉟環王即古之林邑，後之占城，地當今越南南部；訶陵即今之爪哇；室利佛誓爲當時南海中之大國，都蘇門答臘島之巴林馮。說見馮承鈞「中國南洋交通史」上篇第六章。扶南約當今之柬埔寨，說見馮譯「史地叢考」續編伯希和「扶南考」。眞臘先爲扶南屬國，後併扶南東部而有之，即後之柬埔寨；盤盤在今之馬來半島上。說見「中國南洋交通史」下篇。

㊱參考舊唐書卷一六〇、新唐書卷一七六、唐才子傳卷五張籍傳，羅聯添先生「張籍年譜」。

㊲羅聯添先生：張籍年譜。

㊳讀史方輿紀要：貴州石阡府葛彰葛商長官司條云：夜郎廢縣，通志在司西六十里。唐武德四年置夜郎縣，屬夷州；貞觀初，與州俱廢。

第二章　唐代詩人與在華日本人之文字交

第一節　與日本使節、文士之文字交

日本人慕中國文化，自隋開皇二十年（六〇〇）卽有「遣唐使」之派遣，終隋之世，共遣使五次，每次同行之官員、留學生及僧侶約數十人，其人歸國後，對日本文化、政治各項革新，均有極大影響。及唐代隋祚，又有所謂「遣唐使」之選派。據日本史籍所載，自舒明天皇二年（唐太宗貞觀四年，六三〇）以犬上三田耜爲使始，至宇多天皇安平六年（唐昭宗乾寧元年，八九四）以菅原道眞爲使止，共派遣唐使十九次①；而據我國史籍所載，尚有兩次爲日籍所無者②，若混合計算，遣唐使應有二十一次之多。其中有三次未成行，二次至百濟、渤海而止③，然尚有十六次到達長安。遣唐使之組織相當龐大，由一百二十人至六百五十一人不等，其成員之身分亦甚複雜，然主要人員均儀表俊秀，學養豐碩而深明大體。如長安二年（七〇二）入唐之執節使粟田眞人，卽爲武后所重。舊唐書卷二二〇東夷傳日本條記其人云：

　　眞人者，猶唐尙書也，冠進德冠，頂有華蘤四，披紫袍、帛帶。眞人好學，能屬文，進止有容。武后宴之麟德殿，授司膳卿還之。

天寶十一年入唐之日本大使藤原清河，亦受玄宗禮重。全唐詩逸卷中引日本高僧傳云：

　　天平勝寶四年，藤原清河爲遣唐大使。至長安見元宗。元宗曰：「聞彼國有賢君，今觀使者趨揖有異。」乃號日本爲禮儀君子國。命晁衡導清河等觀府庫及三敎殿。又圖清河貌納於蕃藏中。

清河形貌得納於蕃藏，可見其行止之吸引唐人注目。又與清河同時入唐之副使大伴古麿，嘗於天寶十二載（七五三）元旦朝賀時，與新羅使爭居首席，其抗議獲唐朝採納。續日本書紀卷十九孝謙天皇天平勝寶六年（唐玄宗天寶十三載，七五四）正月丙寅條云：

　　副使大伴宿祢古麻呂自唐國至。古麻呂奏曰：大唐天寶十二載，歲在癸已正月朔癸卯，百官諸蕃朝賀，天子於蓬萊宮含元殿受朝。是日，以我次西畔第二吐蕃下，以新羅使節東畔第一大食國上。古麻呂論曰：「自古至今，新羅之朝貢日本國久矣，而今東畔，我反在其下，義不合得。」時將軍吳懷實見知古麻呂不肯色，卽引新羅使次西畔第二吐蕃下，以日本使次東畔第一大食國上。

凡此種種，必然使唐朝官員及文士另眼相看，而留深刻印象，故在玄宗以前，已有以「日本使人」比喻形相特異之中國人。張𬸦朝野僉載卷四云：

唐兵部尚書姚元崇長大急行，魏光乘目爲趕蛇鸛鵲；黃門侍郎盧懷愼好視地，目爲觀鼠貓兒；……舍人呂延嗣長大少髮，目爲日本使人；由是坐此品題朝士，自左拾遺貶新州新興縣尉。

按魏光乘生平不詳，惟此條稱姚元崇爲兵部尚書，盧懷愼爲黃門侍郎，考姚元崇任兵部尚書自景雲元年（七一〇）始，盧懷愼於該年秋任兵部侍郎，次年遷黃門侍郎④，則此條所記，必睿宗時事。魏光乘既有此借譬，可見日本使人受唐代朝士文人之注意。

職是之故，日本使臣乃數爲唐人援作筆記小說主人翁，而其文士與中國詩人結爲文字交，亦屬理所當然，不足爲怪之事矣。日使之見於小說者，如牛肅紀聞卷六云：

唐江夏李邕之爲海州也，日本國使至海州，凡五百人，載國信有十船，珍貨數百萬。邕見之，舍於館，厚給所須，禁其出入，夜中盡取所載而沈其船，既明，諷所館人白云：「昨夜海潮大至，日本國船盡漂失，不知所至。」於是以其事奏之，敕下邕令造船十艘，善水者五百人，送日本使至其國。邕既具舟及水工，使者未發，水工辭邕，邕曰：「日本路遙，海中風浪，安能却返，前路任汝便宜從事。」送人喜，行數日，知其無備，夜盡殺之，遂歸⑤。

按此條純屬虛構。據兩唐書李邕本傳⑥，邕唐隆元年（七一〇）拜左台殿中侍御史，改戶部員外郎，又貶崖州舍城丞；開元三年（七一五）爲戶部郎中，又左遷括州司馬，後徵爲陳州刺史；坐事貶欽州遵化縣尉，以功累轉淄、滑二州刺史；天寶初爲汲郡、北海太守。邕未嘗官海州，稱其於海州謀日使珍貨，不實者一。日遣唐使所乘船舶，通常爲二至四艘，最多者長安二年（七〇二）一次，船五艘，稱「載國信有十船」，不實者二。日本載籍所見十九次遣唐使，未有使抵中國不至長安之記載，此條不實者三。牛肅之作此文，若非意有所誣，即因受「邕性豪侈、不拘細行、所在縱求財貨，馳獵自恣」⑦之暗示影響。然無論如何，以日本使節爲題材，必出於對其人有特殊印象之故。

又蘇鶚杜陽雜編卷下云：

> 大中（八四七～八五九）中，日本國王子來朝，獻寶器音樂，上設百戲珍饌以禮焉。王子善圍棋，上勅待詔顧師言爲對手。王子出楸玉局、冷暖棋子。……及及師言與之敵手，下至三十又三，勝負未決。師言懼辱君命，每汗手凝思，方敢下著，則謂之鎮神頭，乃是解兩征勢也。王子瞪目縮臂，已狀不勝。廻語鴻臚曰：「待詔第幾手耶？」鴻臚詭對曰：「第三手也。」師言實第一國手矣。王子對曰：「願見第一。」曰：「王子勝第三，方得見第二；勝第二，方得見第一。今欲躁見第一，其可得乎？」王子

掩局而呼曰：「小國之一，不如大國之三，信矣。」今好事者尙有顧師言三十三著鎭神頭圖⑧。

按日本國王子來朝，日籍失載；而舊唐書卷一八下宣宗本紀與册府元龜卷九七二均記其事，分別繫於大中二年（八四八）及大中七年（八五三），諒必確有其人，應屬遣唐使之一。蘇鶚唐末人⑨，此條稱「今好事者尙有鎭神頭圖」云云，則其事其人之震動朝野可知矣。

至唐代詩人與日使及文士之文字交，必至爲眞摯頻數，一如日人淡海竺常於全唐詩逸序所言：「當時遣唐之使，留學之生，與彼其墨客韻士，肩相比，臂相抵。」其人其詩之足爲談助者，爰爲考述於後。

㈠明皇帝與藤源清河　唐玄宗李隆基，睿宗第三子，性英武，善騎射，通音律歷象之學。始封楚王，後爲臨淄郡王。平韋氏之亂，乃立爲太子。受禪卽皇帝位。開元之際，勵精政事，海內殷盛，旁求宏碩，講道藝文。在位四十七年。諡曰明⑩。全唐詩逸卷上有其「送日本使」詩云：

日下非殊俗，天中嘉會朝。念余懷義遠，矜爾畏途遙。漲海寬秋月，歸帆駛夕飆。因驚彼君子，王化遠昭昭。

此詩前附小序，稱所送日使爲藤源清河。清河爲日本孝謙天皇天平勝寶四年（唐玄宗天寶十一載）遣唐使之大使。既抵長安，謁玄宗，玄宗以「聞彼國有賢君，今觀使者趨揖有異」，乃號日本爲禮儀君子國，並使人引導清河參觀府庫及三教殿，禮遇甚隆。大使之下，敍官有差。天寶十二載（七五三），清河歸日，玄宗以此詩送之。

藤源清河返日，四船同行，南過揚州，訪名僧鑑眞於延光寺，邀約東渡⑪。既而自蘇州出發，清河與唐使朝衡所乘之第一船與他船相失，漂流至安南驩州，同舟百餘人爲夷獠刼殺，清河與衡倖而脫身，於天寶十四載（七五五）輾轉復至長安。尋安祿山反，玄宗幸蜀；至德二載（七五七）肅宗收復京師，清河以晁衡之薦，仕於唐，娶妻生子。日本淳仁天皇於天平寶字三年（唐肅宗乾元二年、七五九）派高元度爲「迎入唐使」來華，欲迎之歸，清河未行，殆已絕意東返。清河於大曆十三年（七七八）卒，位至特進⑫。

㈡儲光義、王維、趙驊、包佶、李白等與晁衡　晁衡，或作朝衡，鼂衡。日名阿部仲麻呂。其華名又作仲滿，殆日名省音也。生於日本文武天皇二年（唐中宗嗣聖十五年、六九八），十九歲被選爲遣唐留學生，玄宗開元五年（七一七）隨遣唐使抵唐⑬。衡雖以留學生身份來唐，然舊唐書東夷傳稱之爲「偏使」，新唐書亦目爲大使之副，近代日本人則稱之爲「日本之永久駐唐使節」⑭。衡抵長安，遊太學，既卒業，爲司經局校書，與詩人儲光義善。

儲光義，兗州人，開元十四年（七二六）進士，有詔中書試文章。嘗爲監察御史。安祿山陷長安，受僞署，賊平，貶死嶺南。工詩，格高調逸，趣遠清深，削盡常言⑮。全唐詩卷一三八儲光羲「洛中貽朝校書衡、朝卽日本人也」詩云：

萬國朝天中，東隅道最長。吾（一作朝）生美無度，高駕仕春坊。出入蓬山裡，消遙伊水傍。伯鸞遊太學，中夜一相望。落日懸高殿，秋風入洞房。屢言相去遠，不覺生朝光。

詩中有「高駕仕春坊」句，卽因晁衡所任司經局，屬太子左春坊，其時從太子瑛於東宮也。

衡任校書之職不久，卽授左拾遺。尋於開元十九年（七三一）以京兆尹崔日知之薦，起拜左補闕。開元廿二年（七三四）冬，日本開元廿一年遣唐使多治比廣成歸國，衡請同行未果，然朝士趙驊已有贈別之詩。

趙驊，字雲卿，鄧州穰人，開元中擢進士第。嘗陷祿山，貶晉江尉。建中（七八〇～七八三）初爲秘書監⑯。全唐詩卷一二九驊「送晁補闕歸日本」詩云：

西掖承休澣，東隅返故林。來稱郯子學，歸是越人吟。馬上秋郊遠，舟中曙海陰。知君懷魏闕，萬里獨搖心。

晁衡未成行而趙驊已作詩相送，可見二人友情之深摯。

衡既爲玄宗勉予挽留，數年間遷累儀王友、衞尉少卿。天寶十二載（七五三）進秘書監，兼衞尉卿，已爲從三品高官，是年，天寶十一載來華之遣唐使藤源清河返國，衡請與偕，玄宗勅許，並使爲使。衡有詩記其事。全唐詩卷七三二「銜命還國作」云：

銜命將辭國，非才忝侍臣。天中戀明主，海外憶慈親。狀奏違金闕，驅驂去玉津。蓬萊鄉路遠，若木故園林。西望懷恩日，東歸感義辰。平生一寶劍，留贈結交人。

其感恩依戀，徘徊忠孝之情，洋溢詩句之外。衡將行，王維、包佶均有詩贈之。

王維，字摩詰，河東人。生於武后聖曆二年（六九九），卒於肅宗乾元二年（七五九）。九歲知屬辭，工書畫。開元九年（七二一）擢進士第，調太樂丞。歷右拾遺、監察御史，拜吏部郎中。天寶（七四二～七五五）末，爲給事中。安祿山陷兩都，維爲賊所得，服藥陽瘖，拘于菩提寺，祿山宴凝碧池，維潛賦詩悲悼，聞於行在，賊平，陷賊官三等定罪，特原之。責授太子中允，轉尚書右丞。維以詩名盛於開元、天寶間，時豪貴之門，莫不拂席迎之。殷璠稱其詩詞秀調雅，意新理愜，蘇軾譽其詩中有畫，畫中有詩⑰。維送晁朝詩，見全唐詩卷一二七，題「送秘書晁監還日本國」，詩云：

積水不可極，安知滄海東。九州何處遠，萬里若乘空。向國唯看日，歸帆但信風。鰲魚映天黑，魚眼射波紅。鄉樹扶桑外，主人孤島中。別離方異域，音信若爲通。

按此詩韻致灑落，造語出塵，姚合稱之爲詩家射雕手⑱，當由於王維與晁衡有篤厚友情之故。此詩之前，並有長序云：

舜覲群后，有苗不格；禹會諸侯，防風後至。動干戚之舞，與斧鉞之誅，乃貢九牧之金，始頒五瑞之玉。我開元天地大寶聖文神武應道皇帝，大道之行，先天布化；乾元廣運，涵育無限。若華爲東道之標，戴勝爲西門之候，豈甘心笻杖，非徵貢於包茅，亦由呼耶來朝，舍於葡萄之館，卑彌遣使，報以蛟龍之錦。犧牲玉帛，以將厚意，服食器用，不寶遠物，百種受職，王老告期。況乎戴髮含齒，得不稽顙屈膝。海東國日本爲大，服聖人之訓，有君子之風。正朔本乎夏時，衣裳同乎漢制。歷歲方達，繼舊好於行人。滔天無涯，貢方物於天子。同儀加等，位在王侯之先。掌次改觀，不居蠻夷之邸。我無爾詐，爾無我虞。彼以好來，廢關弛禁。上敷文教，虛至實歸。故人民雜居，往來如市。晁司馬結髮遊聖，負笈辭親。問禮於老聃，學詩於子夏。魯借車馬，孔丘遂適於東周。鄭獻縞衣，季札始通於上國。名成太學，官至客卿。必齊之姜，不歸娶於高國。在楚猶晉，亦何獨於由余。遊宦三年，願以居羹遺母。不居一國，欲其晝錦還鄉。莊舄既顯而思歸，關羽報恩而終去。於是稽首北闕，裹足東轅。篋命賜之衣，懷敬問之詔。金簡玉字，傳道經於絕域之人。方鼎彝尊，致分器於異姓之國。瑯琊台上，回望龍門。碣石館前，夐然鳥逝。鯨魚噴浪，則萬里倒回。鷁首乘雲，則八風却走。扶桑若薺，鬱島如萍。沃白日而簸三山，浮蒼天而呑九域。黃雀之風動地，黑蜃之氣成雲。淼不知其所之，何相思之可寄。嘻！去帝鄉之故舊，謁本朝之君臣。詠七子之詩，佩兩國之印。恢我王度，諭彼蕃臣。三寸猶在，樂毅辭燕而未老。十年在外，信陵歸魏而愈尊。子其行乎，余贈言者。

由此序文，可見王維對晁衡在唐生活及其羈戀故國心情了解之深切。

包佶，字幼正，天寶六年（七四七）登進士第，累官諫議大夫，坐善元載貶嶺南，劉晏治財，奏爲汴東兩稅使。及晏罷，以佶爲諸道塩鐵等使，後遷刑部侍郎，改秘書監。卒封丹陽郡公。佶天才贍逸，氣宇清深，與劉長卿等爲莫逆之交⑲。全唐詩卷二〇五包佶「送日本國聘賀使晁巨卿東歸」云：

上才生下國，東海是西鄰。九譯番君使，千年聖主臣。野情偏得禮，木性本含眞。錦帆乘風轉，金裝照地新。孤城開蜃閣，曉日上朱輪。早識來朝歲，塗山玉帛均。

此詩「上才生下國」、「野情偏得禮」等語，雖不脫上國衣冠口吻，然適足顯示晁衡爲異乎尋常之留學生。包佶「居官謹確，所在有聲」⑳，諒不輕易許人，而其推崇晁衡爲「上才」、「得禮」，蓋因彼此交誼厚而相知深也。

藤源清河大使歸日船隊，有舶四艘，晁衡與清河共乘第一舶，既發遇風，與他舶相失，漂流至安南驩州沿岸，舟人爲夷獠刼殺者十之七八，衡與清河幸而逃脫，天寶十四載（七五五）六月後至長安。衡未至長安以前，其乘舟失踪之消息傳來，唐人均以爲已葬身魚腹，深表哀悼。李白亦有詩哭之。全唐詩卷一八四李白「哭晁卿衡」云：

日本晁卿辭帝都，征帆一片繞蓬壺。明月不歸沈碧海，白雲愁色滿蒼梧。

廿八字絕句，其哀傷惜悼之心，流露無遺。晁衡以天寶十二載秋離西京，十四載六月復還，李白此詩，當作於天寶十二載秋後，晁衡乘船失踪消息傳回，而李白客居淮南時也。由於此詩所流露之傷感，推測二人之交情，必久而且篤。按朝衡以開元五年（七一七）抵唐，至奉淮返鄉爲止，似均任京官，行踪未出兩京。而李白於開元十八年（七三〇）始至長安，隨即遊坊州、邠州等地；次年春回長安，居終南山；夏復去，寄居梁園。至天寶元年（七四二）秋應詔入京，被命供奉翰林。天寶二年（七四三）在京，數侍遊宴，天寶三年（七四四）即爲高力士等讒毁，詔許還山；自此至天寶十二載，多在淮南，未再入京㉑。以此推測，李白與晁衡論交，應在天寶初年白供奉翰林時矣。

晁衡既脫險歸長安，尋安祿山反，亂平，肅宗任爲左散騎常侍，擢鎮南都護，治交州，己爲正三品官矣。代宗永泰二年（七六六），兼鎮南節度使。是年安南新置龍武、德化二州，皆爨蠻，詔衡宣慰勞徠之。衡大曆初歸長安，大曆五年（七七〇）卒，年七十三，贈潞州大都督。

朝衡以一介外人，天寶間有名於長安，與交者皆一時名士，有詩爲証者已如上述。其與衡雖不見有贈答詩文，而實爲至交者，尚有魏萬其人。萬嘗居王屋山，後改名顥。上元元年（七六〇）登第。天寶十三載（七五四），萬初遇李白於廣陵，白以爲萬後必有名於天下，因盡出其文命集之。全唐詩卷一七五李白「送王屋山人魏萬還王屋」稱萬「身著日本裘，昂藏出風塵」，白自註云：「裘則朝卿所贈日本布爲之。」則萬與衡之交往，當在天寶十四載衡脫險歸長安之後，且由李白介紹者也。

㈢劉長卿與日本聘使　劉長卿，字文房，河間人。少居嵩山讀書，後移家鄱陽。開元二十一年（七三三）登進士第，至德（七五六、七五七）中爲監察御史，以檢校祠部員外郎爲轉運使判官，知淮南鄂岳轉運留後，鄂岳觀察使吳仲孺誣奏，貶潘州南邑尉。會有爲辯之者，量移睦州司馬，終隨州刺史。長卿以詩馳聲上元（七六〇、七六一）、寶應（七六二）間，格調雅暢，甚能煉飾，權德輿稱之爲五言長城，其見重如此㉒。長卿與日本使之文字交，見全唐詩卷一五〇「同崔載華贈日本聘使」：

憐君異域朝周遠，積水連天何處通。遙指來從初日外，始知更有扶桑東。

此詩未詳所贈日本聘使姓名，惟長卿於開元廿一年（七三三）登第，卽使及乎高壽，其在世之年恐亦無法逾越貞元（七八六～八〇四）中，唐代詩人列傳卽推測長卿卒於貞元初（七八五），則所及見之日本遣唐使，不外開元廿一年（七三三）、天寶十一載（七五二）、乾元二年（七五九）、大曆十一年（七七七）、大曆十四年（七七九）等五次。劉隨州集中作品大約依其寫作時期先後排列，而此詩收於卷八，當爲長卿中年以後作品。崔載華詳歷無可考，爲長卿摯友，劉隨州集卷一有「送張起、崔載華之閩中」、「酬李員外從崔錄事載華宿三河成見寄」、「茱萸灣北答崔載華問」、「送崔載華、張起之閩中」，卷八有「贈崔九載華」等詩，「贈崔九載華」緊接贈日本使詩前，蓋同時之作，詩云：「憐君一見一悲歌，歲歲無如老去何；白屋漸看秋草沒，青雲莫道故人多。」已有英雄遲暮、歎老嗟貧之意，似爲晚年之作。然則與長卿結文字交之日本聘使，爲代宗大曆間兩使中之一乎？

大曆十一年遣唐使原派定大使佐伯今毛人、副使大伴益立及藤原鷹取，後罷副使大伴，改任小野石根及大神末足爲副使，而佐伯又因病未能成行，乃以副使小野代行大使；此次遣使，於大曆十二年（七七八）返日。大曆十四年遣唐使係因送唐使孫興進返唐而特遣，大使爲布勢清直；於建中二年（七八一）返日。長卿贈詩者，當爲小野石根或布勢清直二人中之一。

㈣徐凝與日本使　徐凝，睦州人，元和（八〇六～八二〇）間有詩名。方干師事之，與施肩吾同里閈，日親聲調，無進取意，交眷悉激勉，始遊長安，不忍自衒鬻，竟不成名。遂歸舊隱，優悠自終。或曰元和中官至侍郎㉓。全唐詩卷四七四「送日本使還」云：

絕國將無外，扶桑更有東。來朝逢聖日，歸去及秋風。夜泛潮迴際，晨征蒼莽中。鯨波騰水府，蜃氣壯仙宮。天眷何期遠，王文久已同。相望杳不見，離恨托飛鴻。

凝元和、長慶間人，所及見之日本使，當爲代宗大曆十一年（七七七）、大曆十四年（七七九）、德宗貞元二十年（八〇四）、文宗開成二年（八三八）諸遣唐使中之一。

㈤許棠與日本籍金吾侍御　許棠，字文化，宣州涇縣人。咸通十二年（八七一）登進士第，授涇縣尉。又嘗爲江寧丞。有洞庭詩爲工，號爲許洞庭㉔。全唐詩卷六〇四有「送金吾侍御奉使日東」云：

還鄉兼作使，至日倍榮親。向化雖多國，如公有幾人？孤山無返照，積水合蒼文。膝下知難住，金章已繫身。

詩云「還鄉兼作使」，則此金吾侍御必原籍日本，任唐官而唐委以使日之責者。按唐代選派使節，本以中國人出任爲原則，此於唐中宗時，已有「應差册立諸國使，並須選擇漢官，不得差蕃官去」之勅㉕，惟此一命令於唐代諸帝似均未嚴格執行，反而例外甚多，高宗時波斯國人阿羅憾入唐受將軍之職，後代唐充使拂林，勒碑西國㉖。事在中宗之前，可不論矣。中宗以後者，如前文所擧日本人晁衡於天寶十二載（七五三）歸日本時，即銜玄宗所封唐使之命；新羅人金思蘭於開元二十一年（七三三）返國，玄宗亦委以出疆之任㉗。僖宗時新羅人崔致遠返國，其結銜爲「淮南入國兼送詔書等使前都統巡官承務郎侍御史內供奉賜紫金魚袋」，亦受唐朝派遣出使。此詩所贈金吾侍御，蓋亦此類。

㈥賈島與褚山人，無可與朴人　賈島字閬仙，一作浪仙，范陽人。代宗大曆十四年（七七九）生，武宗會昌三年（八四三）卒。初爲浮屠，名无本，至東都，時洛陽令禁僧午後不得出，乃爲詩以自傷，韓愈憐之，因教其爲文，遂去浮屠，舉進士。累舉不中第，文宗時授長江主簿。會昌（八四一～八四六）初，以普州司倉參軍遷司戶，未受命卒。島詩思入僻，當其苦吟，雖逢公卿貴人，不之覺也㉘。全唐詩卷五七三賈島「送褚山人歸日本」云：

懸帆待秋水，去入杳冥間。東海幾年別，中華此日還。岸遙生白髮，波盡露青山。隔水相思在，無書也是閒。

無可，范陽人，姓賈氏，島從弟，居天仙寺，工詩，多爲五言，與島齊名。與馬戴、姚合、厲玄多有酬唱，律調謹嚴，屬與清越，當時翕然稱尚㉙。全唐詩卷八一三有「送朴山人歸日本」云：

海霽晚帆開，應無鄉信催。水從荒外積，人指日邊迴。望國乘風久，浮天絕島來。儻因華夏使，書札轉悠哉。

褚山人與朴山人名字行跡均無可考，味島詩「東海幾年別」之語，褚山人在唐蓋已有年。按唐自中葉以後，航業發展迅速，中日間海路交通，由唐船及新羅船爲媒介，來往極爲頻繁，如在唐武宗會昌元年（日仁明天皇承和八年、八四一）至懿宗咸通四年（日清和天皇貞觀五年、八六三）間，曾三度來往中日間之日僧惠蕚，最少有兩次係乘唐人船歸國㉚。日僧圓仁入唐求法巡禮行記，屢次提及新羅船，其時日本請益僧與學問僧，多在楚州或明州覓便船；楚州新羅坊譯語劉愼言，經常爲在唐日僧傳送書信金錢，或代辦大小事務，諸僧稱便。此皆拜中日間航路暢通之賜也。自日本停派遣唐使迄李唐覆亡之七十年間，中日間往來船舶之可考者，達三十六次之多㉛，其他未見於載籍者，當倍乎此數。交通便捷若此，日人以私人身份西來遊學者，乃甚爲自由，褚山人、朴山人蓋卽其類也。

【附　註】

①參考木宮泰彥「中日交通史」上册、森克己「遣唐使」、陳水逢「中國文化東漸與唐代政教對日本王朝時代的影響」等書有關部分。十九次遣唐使分別在太宗貞觀四年（六三〇）、高宗永徽四年（六五三）、永徽五年（六五四）、麟德二年（六六五）、乾封二年（六六七）、總章二年（六六九）、武后長安二年（七〇二）、玄宗開元四年（七一七）、開元廿一年（七三三）、天寶十一載（七五二）、肅宗乾元二年（七五九）、上元二年（七六一）、寶應元年（七六二）、代宗大曆十一年（七七七）、大曆十四年（七七

九）、德宗貞元三十年（八〇四）、文宗開成二年（八三八）、昭宗乾寧二年（八九四）。

②一見册府元龜卷九七四景龍五年（按景龍無五年，五或爲三之誤，或即睿宗景雲二年）「十月丁卯，日本國遣使朝貢。戊辰勅：日本國遠在海外，遣使來朝，旣涉滄波，兼獻邦物，其使眞人莫問等，宜以今月十六日於中書集。」全唐文卷一七引此文作中宗勅。一見舊唐書卷一八下宣宗本紀：「〔大中〕二年（八四八）三月，日本國王子入朝貢方物。」册府元龜卷九七二則作：「宣宗大中七年（八五三），日本國遣王子來朝，獻寶器音樂。」無論日期以何者爲確，宣宗朝應有日本入貢使。

③肅宗上元年、寶應二年二次遣唐使因唐安史之亂未平而中止，昭宗乾寧元年遣唐使因唐局勢混亂而止。高宗乾封二年遣唐使係送唐使司馬法聰而遣，僅至百濟；肅宗乾元二年係迎藤原清河而遣，其判官內藏全成等到渤海即返日，僅大使高元度等十一人至長安。

④見嚴耕望唐僕尚丞郎表卷四景雲元年、景雲二年條。

⑤太平廣記卷二四三引此條，題作「李邕」。

⑥李邕傳，舊唐書卷一九〇中，新唐書卷七九。

⑦舊唐書卷一九〇中李邕傳。

⑧太平廣記卷二二八引此條，題作「日本王子」。

⑨新唐書卷五九藝文志小說類稱蘇鶚字德祥，光啓中登進士第。

⑩參考新、舊唐書玄宗本紀。

⑪見元開唐大和上東征傳。

⑫以上參考梁繩褘唐贈潞州大都督晁衡傳。

⑬本節有關晁衡事跡，參考梁繩褘唐贈潞州大都督晁衡傳，梁容若秘書監晁衡事輯。

⑭杉本直治郎：阿布仲麻呂に對する詳論。

⑮參考唐詩紀事卷廿二、唐才子傳卷一儲光羲傳、全唐詩卷一三六附光羲小傳。

⑯參考唐詩紀事卷二七、全唐詩卷一二九附趙驊小傳。

⑰參考舊唐書卷一九〇下、新唐書卷二〇二王維傳，唐詩紀事卷十六，全唐詩卷一二五附王維小傳。
⑱見全唐詩卷一二七原詩注。
⑲參考唐詩紀事卷四十、唐才子傳卷三包佶傳、全唐詩卷二〇五附佶小傳。
⑳見唐才子傳卷三包佶傳。
㉑見郭氏李白杜甫年表。
㉒參考唐詩紀事卷二六劉長卿條、唐才子傳卷二劉長卿傳、全唐詩卷一四七附劉長卿小傳。
㉓參考唐詩紀事卷五二徐凝條、唐才子傳卷六徐凝傳、全唐詩卷四七四附徐凝小傳。
㉔參考唐詩紀事卷七十許棠條、全唐詩卷六〇三附許棠小傳。
㉕唐會要卷五九主客員外郎條，爲景龍二年（七〇八）勅。
㉖端方陶齋藏石記卷廿一「大唐故波斯國大酋長、右屯衛將軍、上柱國、金城郡開國公波斯君丘之銘」云：「君諱阿羅憾，族望波斯國人也。顯慶年中，高宗天皇大帝以功績可稱，名聞□□，出使召來。至此即授將軍北門□領，侍衛駈馳。又差充拂林國諸蕃招慰大使，並於拂林西堺立碑，峨峨尚在。」
㉗見唐會要卷九五新羅條。
㉘參考新唐書卷一七六、唐才子傳卷五、全唐詩卷五七一賈島傳。
㉙參考唐詩紀事卷七四僧無可條、唐才子傳無可傳、全唐詩卷八一三附無可小傳。
㉚見陳譯木宮泰彥中日交通史上卷第七章。
㉛日本仁明天皇承和五年（八三八）之遣唐使爲最後一次，自此至唐亡（九〇七）凡七十年。

第二節　與日本僧侶之文字交

日本推古天王時代，適當我國隋朝，其遣隋使中，卽雜有留學生及留學僧，其人之名垂青史者，雖僅十餘人，惟居留中國均在十五年以上，甚至有長達三十二年者，返國後均極受重用，如其中之靈雲、惠雲，於孝德天皇大化元年（唐太宗貞觀十九年，六四五）均擧爲十師之一①。

入唐以後，日本入唐使節之派遣旣頻，隨行之留學僧數量亦增，有唐三百年間，來華求法日僧之名號可考者達八十三人，其不可考者，數當倍蓰。蓋佛敎自漢朝傳入我國，至唐代而大放異彩，重要者有下列十宗：成實宗、俱舍宗、律宗、三論宗、淨土宗、禪宗、法華宗、華嚴宗、法相宗、密宗。而最盛行者，則爲敎下三家之法相宗、法華宗、華嚴宗，與敎外別傳之禪宗②。凡此均對日本佛敎界產生極大吸引力。

留學僧侶依其本身留唐期間長短及學習方式之不同，日本史籍區分之爲學問僧及請益僧。學問僧係指在唐作較長時期居留，於佛法作較廣泛研究者；請益僧則指本身於佛學有相當修養，爲某一學問之專門家，入唐係就其未能解決之部分問題尋師問難以求解答者，如唐文宗時隨第十九次遣唐使來華之圓仁，卽係携延曆寺未決之疑義三十條往天台山國淸寺請敎碩德高僧解釋之請益僧③。無論學問僧請益僧，入唐前於中國文化均有相當認識，且富求知慾望，故能孜孜不倦，求敎於唐人，冒險犯難，尋新知於異國也。彼等之精神，可於唐德宗貞元二十年（八〇四）弘法大師空海上福州觀察使書窺見一斑，書云：

日本國留學沙門空海啓：空海才能不聞，言行無取，但知雲中枕肱，雲峯喫菜。逢時乏人，選留學末。限以二十年，尋以一乘，任重人弱，夙夜惜陰。今承不許隨時入京，理須左右，更無所求。雖然，居諸不駐，歲不我與，何得厚顏國家之憑，空擲如矢之序；是故歎斯留滯，貪早達京。伏惟中丞閣下，德高天心，仁善近遠，老弱連袂，頌德溢路，男女攜手，詠功盈耳，外示俗風，內淳眞道。伏惟顧彼弘道，令得入京，然則早尋名德，速遂所志。今不任陋願之志，敢塵視職，伏深戰越，謹奉啓以聞。謹啓④。

空海此書情意之懇，詞義之切，不但可感唐之官吏，且足動唐之文人也。抑尤有進者，卽留學僧在華多有期限，故必寸陰是競，務求於最短期中求得最多知識，此其較諸唐人，必倍加努力，堅苦卓絕。遂贏得唐之士人好感，而樂與之交。羅大經鶴林玉露卷四云：

余少年時，於鍾陵解后日本國一僧，名安覺，自言離其國已十年，欲盡記一部藏經乃歸，念誦甚苦，不舍晝夜，每有遺忘，則叩頭佛前，祈佛陰相，是時已記藏經一半矣。夷狄之人，異敎之徒，其立志堅苦不退，轉至於如此。朱文公云：今世學者，讀書尋行數墨，備禮應數，六經語孟，不曾全記得三五板，如此而望有成，亦已難矣。其視此僧，殆有愧色。

大經南宋人，其時之印刷、航海術，較唐代進步不可以道里計，而留學日僧仍勤苦若此，未始非因受前朝先輩影響，已成風習之故；至謂中華學者視之當有愧色，蓋不特南宋羅大經作如此想，唐之文士覩當時留學生，殆亦作如此想焉。

復次，留學僧在唐固以求法爲主要任務，然唐代文風既盛，流風所煽，其人行有餘力，亦多留心文事。此於留學僧攜返日本書籍中雜有大量詩文別集，品評雜記，眞跡拓本等可知。如圓仁攜回之典籍中有開元詩格一卷、祝無膺詩集一卷、杭越寄和詩集一卷、嗣安集一卷、兩京新記三卷、丹鳳樓賦一卷、詩賦格一卷、進士章嶰集一卷、僕郡集一卷、莊翺集一卷、李張集一卷、杜員外集二卷、臺山集雜詩一卷、白家詩集六卷；最澄攜回之碑帖範本有大唐經敎序、眞草千字文、天后聖敎碑、王羲之十八帖、歐陽詢書法、王獻之書法、褚遂良集等大唐石摺，及眞草文、古千字文等寫本；宗叡則攜回明鏡連珠一部十卷、西川印子唐韻一部五卷，西川印子玉篇一部三十卷。

日本留唐僧侶之好學愼思、著意文墨如是，其人與唐代詩人善結文字之交，蓋亦理所當然者矣。

茲將唐代詩人與日本留學僧之文字交考述於後。

㈠錢起於日本僧　錢起，字仲文，吳興人。天寶十載（七五一）登進士第，授校書郎。嘗以採箭竹奉使入蜀，除考功郎中。大曆（七六六～七七九）中爲太清宮使，翰林學士。與韓翃、李端輩號十才子。其詩體格清奇，致理清澹，王維許以「高格」。與郎士元齊名，士林語曰：前有沈、宋，後有錢、郎⑥。全唐詩卷二三七錢起「送僧歸日本（原注：一作東）」云：

上國隨緣往，來途若夢行。浮天滄海遠，去世法舟輕。水月通禪觀，魚龍聽梵聲。惟憐一燈影，萬里眼中明。

按此日本僧名號未詳，惟據日人小川環樹推測，錢起生世約在西元七二二年至七八〇年（唐玄宗開元十五年至唐德宗建中元年）之間⑦，則此一受其以詩相送之僧人，當爲天寶、大曆（七四二～七七九）間返日者，而此一期間離唐返日之留學僧，名號可考者唯普照、玄朗、玄法、業行、行賀、戒融等六人⑧。然則錢起以詩贈別者，其爲六人中之一乎？

㈡劉禹錫與智藏　劉禹錫生平已見前文⑨。全唐詩卷三五九劉禹錫「贈日本僧智藏」云：

浮杯萬里過滄溟，遍禮名山適性靈。深夜降龍潭水黑，新秋放鶴野田清。身無彼我那懷土，心會眞如不讀經。爲問中華學道者，幾人雄猛得寧馨。

按載籍中日本遣唐留學僧法號智藏者有二人，其一於日本天智朝（六六三～六七一，當唐高宗龍朔三年至咸亨二年）入唐，持統朝（六八七～六九六，當武后垂拱三年至萬歲通天元年）

返日，曾在吳越間就高僧學三論宗⑩，以時代推之，其人當非劉禹錫所及見；另一即爲禹錫贈詩之對象。此一智藏在華行跡無可考，蓋貞元、開成間（七八五～八四〇）求法來唐者，就詩意推敲，禹錫與之論交時，其人蓋已在唐有年，遍禮名山，而學佛之誠，幾已渾忘故土，卓有成就，使詩人生「幾人雄猛得寧馨」之歎。

㈢吳顗與最澄　吳顗里籍無可考，貞元（七八五～八〇四）年間任台州司馬。唐文續拾遺卷五載其「送最澄上人還日本國詩序」云：

過去諸佛爲求法故，或碎身如塵，或損軀飉虎，嘗聞其說，今觀其人。日本沙門最澄，宿植善根，早知幻影。處世界而不著，等虛空而不凝。於有爲而証無爲，在煩惱而得解脫。聞中國故大師智顗傳如來心印於天台山，遂賚黃金，涉巨海，不憚滔天之駭浪，不怖映日之驚鼇，外其身而身存，思其法而法得。大哉其求法也！以貞元二十年九月二十六日臻於海郡，謁太守陸公，獻金十五兩、筑紫斐紙二百張、筑紫筆二管、筑紫墨四挺、刀子一、加斑組二、火鐵二、加火石八、蘭水九、水精珠一貫。陸公精孔門之奧蘊，經國之宏才；清比冰囊，明逾霜月，以紙等九物達於庶使，返金於師。師譯言請貨金貿紙，用以書天台止觀，陸公從之。乃命大師門人之裔哲曰道邃集工寫之，逾月而畢，邃公亦開宗指審焉。最澄忻然，瞻仰作禮而去。三月初吉，遐方最濃，酌新茗以餞行，對春風以送遠。上人還國謁奏，知我唐聖君之御宇也。貞元二十年巳日台州司馬吳顗敍。

吳顗送最澄詩篇，全唐詩及詩逸均未收錄。序中太守陸公，陸質是也。質吳郡人，本名淳，避憲宗諱改質。長於經學，尤深於春秋。少師事趙匡，頗傳其學，由是知名。歷官信、台二州刺史，卒於貞元二十一年⑪（卽順宗永貞元年，八〇五）。最澄俗姓三津，年十二出家，十九歲而潛修於叡山，於山頂創一乘止觀院。日本桓武延曆二十三（八〇四，唐德宗貞元二十年）七月，與空海、義空等隨第十七次遣唐使來華，先至台州天台山國淸寺求法於道邃，習天台之心要；又至越州龍興寺謁順曉阿闍梨，受三部灌頂密敎。未及一載，而傳天台、密、禪三宗，唐德宗貞元二十一年（日本桓武延曆二十四年，八〇五）六月，隨使返日，遂奏請桓武天皇加天台法華宗與大乘之華嚴宗、法相宗、三論宗、律宗等而爲五宗。最澄乃成日本法華宗之始祖⑫。吳顗詩序，雖題「送最澄上人還日本國」，而內文署貞元二十年，蓋其時澄在台州接受道邃指導完畢，將轉往越州，顗卽以返日爲詞也。無論如何，二人之文字交，至堪作爲中日兩國人民深厚友誼之明證。

關於最澄與陸質之交接，佛祖統紀卷八十祖興道尊者條云：

貞元二十一年，日本國最澄遠來求法，聽講受誨，晝夜不息，盡寫一宗經書以歸。將行，詣郡庭白太守，求一言爲據。太守陸淳嘉其誠，卽署之曰：最澄闍梨，身雖異域，性實同源，明敏之姿，道俗所敬，觀光於上國，復傳敎於名賢。邃公法師，總萬法於一心，了殊塗於三觀；而最澄親承秘密，不外筌蹄，猶慮它方學者未能信受其說，所請印記，安可不從。澄旣泛舸東還，指一山爲天台，創一刹爲傳敎，化風威播，學者日蕃，遂遙尊邃師爲始祖。日本傳敎實起於此。

此一印記，並載於唐文續拾遺卷四，文字稍有異同，玆抄錄於後，以資比較：

最澄闍梨，形雖異域，性實同源。特稟生知，觸類懸解，遠求天台妙旨，又遇龍象邃公，摠萬行於一心，了殊途於三觀，親承秘密，理絕多言。猶慮他方學徒不能信受，所請當州印記，安可不任爲憑。大唐貞元廿一年二月廿日。朝議大夫持節台州諸軍事守台州刺史上柱國陸淳給。

又最澄之行，明州刺史鄭審則亦有印記，見於唐文續拾遺卷四：

孔夫子云：吾聞西方有聖人焉，其敎以清淨無爲爲本，不染不著爲妙；其化人也，具足功德，乃爲圓明。最澄闍梨，性禀生知之才，來自禮義之國，萬里求法，視險若夷不憚艱勞，神力保護。南登天台之嶺，西泛鏡河之水；窮智者之法門，探灌頂之神秘。可謂法門龍象，青蓮出池。將此大乘，往傳本國，求滋印信，執以爲憑。昨者陸台州已與題記，故具所覩，爰申直筆。大唐貞元廿一年五月十五日朝議郎使持節明州諸軍事守明州刺史上柱國榮陽鄭審則書。

是記較陸淳所給印記遲三月，蓋最澄自台州赴明州候船時求得。最澄求此二記，陸、鄭二人均欣然給予，並極口稱揚，其事雖異於以詩篇投贈，就本質而言，蓋亦文字之交也。

㈣馬總、胡伯崇、朱千乘與空海　馬總，字會元，扶風人。少孤貧好學，性剛直，不妄交遊。貞元（七八五～八〇四）中姚南仲鎮滑臺，辟爲從事。南仲與監軍使不叶，監軍誣奏南仲不法，及罷免，總坐貶泉州別駕。後量移恩王傅。元和初（八〇六）遷虔州刺史，後遷檢校刑部尚書，戶部尚書。穆宗長慶三年（八二三）卒⑬。全唐詩逸卷中馬總贈日本僧空海離合詩云：

何乃萬里來，可非衒其才；增學助元機，土人如子稀。

全唐詩逸引釋空海性靈集序云：「和尚昔在唐日，作離合詩贈土僧惟上，泉州別駕馬總，一時大才也，覽則驚怪，因贈詩云。」是馬總此詩係見空海贈惟上詩而有作。

空海爲日本平安朝（七九四～一一九二）所謂入唐八家之一⑭，而爲八家中於日本宗教、文化影響最大者。空海灌頂號曰遍照金剛，俗姓佐伯直。生而穎慧，少號神童。年十五習經史詞章，十八遊太學，二十落髮爲僧，得善無畏所譯之大毘盧遮那經，情有所滯，因有入唐求法之志，遂努力於唐音漢籍之學習。延曆二十三年（貞元二十年，八〇四），日本第十七次遣唐使受命西渡，空海奉勅從行。經三十四日，於八月十日抵福州。刺史閻濟美給資糧，並奏長安取行止。貞元二十年十二月杪抵上都，唐帝嘉納，次年二月，勅准留學，居西明寺。五月下旬，往青龍寺謁不空三藏傳人惠果阿闍梨。六月入學法灌頂壇；八月受傳法阿闍梨灌頂。惠果以眞言秘藏，經疏隱密，不假圖畫，不能相傳，乃喚人圖繪胎藏金剛界等大曼陀羅等十鋪，書寫金剛頂等最上乘密藏經，新造道具十五事。因告空海以密教於此土緣盡，不能久住，宜將此兩部大曼荼羅，一百餘部金剛乘法，及不空三藏轉付之物，供養之具等，流傳海外。空海始期留學二十年，既受眞言密傳，遵師命欲早日歸國。順宗永貞元年（即貞元二十一年，八〇五）十五日，惠果卒，憲宗元和元年（八〇六）正月十七日下葬，空海受衆推舉撰碑。適遣唐判官高階遠成等歸國，乃上書請歸。是年八月，隨遣唐使船歸國。空海歸日後，受四朝寵遇，開高野山、賜東寺，爲國家建壇修法五十一度，前後受灌頂者數萬人。日本眞言宗自是確立⑮。

馬總與空海結文字交於何時，雖因贈詩未署日期，無從確定；然空海於貞元二十年八月到達福州，其時馬總爲泉州別駕，蓋就近得以相會，而是年十一月三日，空海已離福州，隨遣唐使溯閩江向長安進發，故此段文字因緣，推測應成於貞元二十年八月中旬與十月下旬兩個半月之間。

全唐詩逸卷中又載胡伯崇「贈釋空海歌」。云：

說四句，演毘尼。凡夫聽者盡歸依。天假吾師多伎術，就中草聖最狂逸。

胡伯崇里籍無可詳考，但知其號毘陵子。毘陵，郡名，卽唐常州晉陵，然則伯崇常州晉陵人乎？空海自福州赴長安，係由陸路過錢塘上流，出杭州，循運河而北，經蘇州淮陰，溯汴水至洛陽，西入函關⑯；返日時海舶發自明州，由長安至明州之行程均約略相同。常州位運河之側，空海不論去來，均經其地，伯崇贈歌，蓋在此時此地。

又唐文續拾遺卷五朱千乘「送日本三藏空海上人朝宗我唐兼貢方物而歸東海詩序」云：

滄海無垠，極不可究。海外緇侶，朝宗我唐，卽日本三藏空海上人也。能梵書，工八體，繕俱舍，精三乘。去秋而來，今春而往，反掌雲水，扶桑夢中，他方異人，故國羅漢，蓋乎凡聖，不可以測識，亦不可以智知。勾錢相遇，對江問程，那堪此情，離思遠增。願珍重，願珍重。元和元年姑洗之月，聊序當時少留詩云。

朱千乘，憲宗時試衞尉寺丞。空海自唐歸日，表上所齎書籍，中有朱千乘詩集一卷⑰，不知是否千乘所贈，若然，則二人之文字交，蓋又有深於他人者也。詩序作於元和元年（八〇六）三月，其時惠果喪事已畢，空海仍在長安，而行期已定，故千乘以詩贈別。序稱空海「去秋而來，今春而往」，蓋就二人相識論交之時間而言，然則千乘之初遇空海，當在永貞元年（八〇五）六月青龍寺隨惠果學法以後矣。

㈤棲白與圓仁　棲白，越中僧，前與姚合交，後與李洞、曹松相贈答。宣宗朝嘗居長安薦福寺，內供奉，賜紫⑱。全唐詩卷八二三棲白「送圓仁三藏歸本國」云：

家山臨晚日，海路信歸橈。樹滅渾無岸，風生只有潮。歲窮程未盡，天末國仍遙。已入閩王夢，香花境外邀。

圓仁爲天台宗名僧，日本稱爲慈覺大師。俗姓壬生氏，生於日本桓武天皇延曆十三年（唐德宗貞元十年，七九四）。幼喪父，性聰敏，風貌溫雅。年九歲從其兄受經史；十五謁傳教大師最澄，澄教以止觀大定妙慧；二十歲，逢官試得第；卅一歲受度持沙彌戒，後於東大寺受具足戒；四十五歲，隨日本第十八次遣唐使入唐。唐文宗開成三年（八三八）七月，抵揚州府海陵縣，大使藤原常嗣由淮南節度使李德裕奏准入長安，圓仁請巡禮天台，留揚州待勅許，卒未蒙許可，乃廢然登使舶就歸途。舶至海州，圓仁偕弟子託詞潛行登陸，爲官府查覺，復遣登日使第二舶。開成四年（八三九）六月，舶抵登州文登縣，圓仁再次棄舟登陸，投法華院居留，得押衙張詠之助，請准巡禮五台。乃於開成五年（八四〇）四月自登州經青、淄、齊、德、貝、冀、趙等州，投奔太行山。五月中旬，抵清涼山麓，於是巡禮五台，參謁玄鑒，志遠等名師，呈延曆寺疑義三十條請求解釋；復鈔錄天台宗秘籍三十餘部。七月，拜別靈山，西向長安，至八月二十三日抵達上都。請於左街功德使仇士良，命居資聖寺。仁於是學兩部秘法於大興善寺元政，青龍寺義眞，問金剛戒於青龍寺法潤，受胎藏儀軌於玄法寺法全，承止觀於醴泉寺宗穎，復從南天竺寶月三藏重學悉曇，口受正音。武宗會昌元年（八四一）八月，上書功德使請歸國，不許。逮會昌五年（八四五），武宗大事毀寺驅僧，仁亦被逼令還俗，並遞送返國。於是自長安經鄭、汴、泗等州而下維揚，復出楚、海、密、萊等州，至登州文登縣，留待便船。勾留三載，至宣宗大中元年（八四七）九月，始乘新羅人赴日本船東歸。圓仁留唐，凡九年又二月⑲。其主要行跡，有「入唐求法巡禮行記」紀之焉。

按棲白雖越中人，然李洞寄白詩，標題或稱「薦福棲白上人」，或稱「薦福棲白」⑳。且有「險倚石屏風，秋濤夢越中。前朝吟會散，故國講流終」語；曹松「薦福寺贈應制白公」詩則稱其「才子紫檀衣，明君寵顧時，講昇高座懶，書達重臣遲」㉑，是白似早已寄寓薦福寺，且開講應制，於長安有籍籍名矣。復考圓仁在唐生活，開成五年（八四〇）九月前除於揚州待旨之短時期外，餘均輾轉於道路，似無與棲白邂逅之可能；逮抵長安以後，住資聖寺，求教於上都各寺名僧大德之間，薦福寺當亦爲其常遊之所。如入唐求法巡禮行記卷三會昌二年（八四二）三月八日條即記「薦福寺開佛牙供養，詣寺隨喜供養」。圓仁與棲白論交，當在會昌年間，惜求法行記未載其事耳。又據行記卷四圓仁「從會昌元年（八四一）以來，經功德使通狀請歸本國，計百有餘度，又曾屬數個有力人用物計會，又不得去」，至會昌五年（八四三）五月武宗「有勅云：外國（僧）等若旡祠部牒者，亦勅還俗，遞歸本國」，始得歸國。仁會昌五年五月十四日入京兆府請公驗，十五日起程，行色至爲匆促。送別者有俗家人監察御史李元佐等，僧侶則有裹頭著俗衣之當寺講維摩百法座主雲栖、講涅槃經座主雲莊；另有「內供奉談論大德去年歸鄉，不得消息，今潛來，裹頭隱在楊卿（敬之）宅裡，令童子清涼將書來，書中有潛別之言，甚悲慘矣」。圓仁在「行記」中記其聞見交遊，至爲詳實，歸國時長安唐人送別情形，描述尤爲細膩，送行者致送物品，條列分明，獨無一言提及栖白贈詩，豈以其時「敎難」方殷，不便明載；抑所謂「內供奉談論大德」即係其人，書信中「潛別之言」即此詩乎？

㈥皮日休、陸龜蒙、顏萱與圓載　皮日休，字襲美，一字逸少。襄陽人。約生於唐文宗太和（八二七～八三五）中，卒於僖宗乾符三年（八八三）。性傲誕，嗜酒癖詩，號醉吟先生。隱居鹿門山，自號閒氣布衣，以文章自負，尤善箴銘。咸通七年（八六六）登進士第，授著作郎，遷太常博士。黃巢之亂，歸吳中，巢寇江浙，刼以從軍。至京師，以爲翰林學士，使爲讖文，疑其意有所譏，遂及禍。據近人考訂日休生平繫年如后：文宗太和七年（八三三）

出生；懿宗咸通七年（八六六）進士及第，編「文藪」十卷；咸通十年（八六九）任崔璞從事於吳，是年與陸龜蒙結成好友，約一年後完成「松陵唱和集」；咸通十四年（八七三）任太常博士；僖宗乾符二年（八七五）黃巢亂作，出任毗陵副使，不久被俘；廣明元年（八八〇）巢建年號金統，以日休爲學士；中和三年（八八三）爲巢所害。

陸龜蒙，字魯望，蘇州人。生年不詳，卒於僖宗中和（八八一～八八四）初。少通六經大義，尤明春秋。擧進士不中。往從湖州刺史張搏遊，搏歷湖、蘇二州，辟爲從事。後退隱松江甫里，多爲論撰，自號天隨子。以高士召，不赴。李蔚、虞擕素重之，及當國，召拜拾遺，詔方下，卒。昭宗光化（八九八～九〇〇）中，贈右補闕㉒。

皮、陸二人投贈圓載詩各有二首。全唐詩卷六一四皮日休「送圓載上人歸日本國」云：

講殿談餘著賜衣，椰帆却返舊禪扉。貝多紙上經文動，如意餅中佛爪飛。颶母影邊持戒宿，波神宮裡受齋歸。家山到日將何入，白象新秋十二圍。

又「重送」云：

雲濤萬里最東頭，射馬臺深玉署秋。原註：射鳥台即今王城也　無限屬城爲裸國，幾多分界是亶州。原註：州在會稽海外，傳是徐福之裔　取經海外開龍藏，誦咒空中散蜃樓。不奈此時貧且病，乘桴直欲伴師遊。

全唐詩卷六二六陸龜蒙「和襲美重送圓載上人歸日本」云：

老思東極舊巖扉，却待秋風泛船歸。曉梵鳥鳥當石磬，衣禪陰火照田衣。見翻經論多盈篋，親植杉松大幾圍。遙想到時思魏闕，只應遙拜望斜暉。

又卷六二九「聞圓載上人挾儒書洎釋典歸日本國更作一絕以送」云：

九流三藏一時傾，萬軸光凌渤澥聲。從此遺編東去後，却應荒外有諸生。

按圓載係所知日本留學生中留唐最長者。其人於文宗開成三年（八三八）與圓仁同隨日本遣唐使來華，獲准居留求法，入天台山國清寺，武宗、宣宗朝均在天台，懿宗咸通（八六〇～八七三）中曾投寓長安西明寺，僖宗乾符四年（八七七）乘唐商李延孝船歸日，途中船破溺死。圓載在唐居留達三十九年，雖負求法之責，然妄貪國家糧食，蓄有妻子，不修學業，日本入唐僧多不直其所爲㉓。

圓載於乾符四年（八七七）動身返日，其時唐船渡日，多採南路，發自明州（今浙江寧波），橫斷東海至値嘉島（今日本五島列島及平戶島），入博多津。圓載乘李延孝海船，延孝在宣宗大中十二年（八五八）及懿宗咸通六年（八六五）兩次東渡均自明州出發，此行亦採同一路線。圓載至明州候船，揚、常、蘇、杭等州爲必經之路㉔，時皮日休爲毗陵副使㉕，陸龜蒙居松江甫里㉖，三人可能相會於常州。

復次，全唐詩卷六二二又有陸龜蒙「襲美見題郊居十首因次韻酬之以伸榮謝」云：

倭僧留海紙，山匠製雲牀。懶外應無敵，貧中直是王。池平鷗思喜，花盡蝶情忙。欲問新秋計，菱絲一畝強。

按日本所製紙，頗受唐人喜愛及重視，如册府元龜卷九九七外臣部技術條云：

倭國以德宗建中（七八〇～七八三）初遣大使眞人興能自明州路奉表獻方物，風調甚高，善書翰。其國紙似蠶繭而緊滑，人莫能名。

又段公路北戶錄卷三香皮紙條云：

羅州多棧香樹，身如柜柳，其華繁白，其葉似橘，皮堪搗爲紙，土人號爲香皮紙。作灰白色，文如魚子牋，今羅、辨州皆用之，小不及桑根竹膜紙、松皮紙、原註：日本國出側理紙也。

陸龜蒙所存之「海紙」，不知是否日本松皮紙，然紙必質佳罕見而甚受寶貴，否則不致以之入詩；贈紙之「倭僧」，可能卽爲圓載。

圓載歸日本而以詩投贈者，尙有顏萱。萱字弘至，江南進士，中書舍人蕘之弟，嘗受知於張祜。與皮日休、陸龜蒙酬唱，有詩載松陵集㉗。全唐詩卷六三一顏萱「送圓載上人」云：

師來一世恣經行，却泛滄波問去程。心靜已能防渴鹿，鼙喧時爲駭長鯨。原註：師云：舟人遇鯨，則鳴鼓以恐之。禪林幾結金桃重，原註：日本金桃，一實重一斤。梵室重修鐵瓦輕，原註：以鐵爲瓦，輕於陶者。料得還鄉無別利，只應先見日華生。

萱江南人，又善皮、陸，與圓載結文字交，當與皮、陸同時。詩中「師來一世恣經行」語，即詠圓載在唐留學三十餘年之事實。

㈦司空圖與鑒禪師　司空圖字表聖，自號知非子，晚又號耐辱居士。籍隸泗州，寓居河中虞鄉王官谷。生於唐文宗開成二年（八三七），卒於後梁太祖開平二年（九〇八）圖咸通十年（八六九）登進士第，主司王凝於進士中尤奇之。由宣歙幕歷禮部郎中，黃巢犯京師，僖宗於行在用爲知制誥、中書舍人。歸隱中條山王官谷。昭宗龍紀（八八九）初，復召拜舍人，未幾又以疾辭。河北亂，乃寓居華陰。景福（八〇二～八〇三）中，又以諫議大夫徵，仍稱疾不起。昭宗遷洛，被詔入朝，以野耄丐歸。朱全忠受禪，召爲禮部尙書，不食而卒。圖少有俊才，晚年避世棲遯，王官谷有先人別墅，泉石林亭，頗愜幽趣，日與名僧，高士遊詠其中㉘。全唐詩卷六三三司空圖「贈日東鑒禪師」云：

故國無心度海潮，老禪方丈倚中條。夜深雨絕松堂靜，一點飛螢照寂寥。

鑒禪師身世待考，由司空圖此詩，大約可推知其人寄寓中條，且年事已高，殆已絕意東歸。而圖與之結文字交，當在其退居中條山王官谷時也。據羅聯添先生考証㉙，司空圖退居中條山而時間較長者有兩次，一次於僖宗中和元年至四年（八八一～八八四），一次於光啓二年至四年（八八六～八八八），其後自昭宗天復三年（九〇三）至梁太祖開平二年（九〇八）不食而卒爲止，均隱居中條山王官谷。司空圖贈鑒禪師詩作於何時雖無法確考，然定爲圖四十五歲以後居中條山期間作品，當不至貽武斷之譏。

㈥韋莊與敬龍　韋莊字端己，京兆杜陵人。唐文宗開成元年（八三六）生，蜀高祖武成三年（九一〇）卒。莊少孤貧力學，才敏過人，疎曠不拘小節。昭宗乾寧元年（八九四）登進士第，釋褐校書郎。李詢宣諭西川，舉莊爲判官。後王建辟掌書記，尋徵起居郎，建表留之。及建開蜀，莊托任腹心，首預謀畫，其郊廟之禮，册書赦令，皆出莊手，以功臣授吏部侍郎同平章事。著有浣花集㉚。全唐詩卷六九五韋莊「送日本國僧敬龍歸」云：

扶桑已在渺茫中，家在扶桑更東。此去與師誰共到，一船明月一帆風。

敬龍行跡無可考，近代研究中日文化交通之中日著作，似亦無一言相及㉛。韋莊浣花集中，此詩編於卷一，而卷一各詩，皆黃巢入京前之作。據夏承燾韋端己年譜，莊於僖宗乾符四年（八七七）自鄠杜移居虢州，乾符六年（八七九）居長安，次年（廣明元年，八八〇）在長安應舉。此詩之前第二首詩爲「下第題青龍寺僧房」，可見莊居長安時，嘗遊覽各大寺門，敬龍蓋卽留學長安之日本僧侶，二人結交，殆在乾符末、廣明初。

(九)方干、吳融、貫休、齊己與不知名日本僧　方干字雄飛，新定人，徐凝一見器之，授以律詩。始擧進士，謁錢塘太守姚合。合視其兔缺貌陋，甚卑之，坐定覽卷，乃駭目變容，館之數日，登山臨水，無不與焉。咸通中，一擧不得志，遂遯會稽，漁於鑑湖。太守王龜以其亢直，宜在諫署，欲薦之，不果。干廣明（八八〇）、中和（八八一～八八四）間爲律詩，江南無有及者㉜。全唐詩卷六五二方干「送僧歸日本」云：

四極雖云共二儀，晦明前後卽難知。西方尙在星辰下，東域已過寅卯時。大海浪中分國界，扶桑樹底是天涯。滿帆若有歸風便，到岸猶須隔歲期。

方干一生多居錢塘、會稽，該地區之重要港口，如明州、揚州，均爲中日海路交通綫之端點，方干與來往其地之日本人有所交往，蓋爲順理成章之事。干有「送人遊日本國」詩㉝，所送者雖爲唐人，然可証其與日人交，與居處之所有極密切關係。

吳融，字子華，越州山陰人。力學富辭，韻調工捷。龍紀元年（八八九）及進士第。韋昭度討蜀，表掌書記。累遷侍御史，去官依荆南成汭。久之，召爲左補闕，拜中書舍人。天復元年（九〇一）元旦，昭宗反正，造次草詔，無不稱旨，進戶部侍郞。鳳翔刼遷，融不克從。去客閿鄉。俄召還翰林，遷承旨卒。其詩靡麗有餘，而雅重不足㉞。全唐詩卷六八四吳融「送僧歸日本」云：

滄溟分故國，渺渺泛杯歸。天盡終期到，人生此別稀。無風亦駭浪，未午已斜暉。繫帛何須雁，金烏日日飛。

貫休字德隱，婺州蘭溪人，俗姓姜氏。生於唐文宗太和六年（八三二），卒於梁太祖乾化二年（九一二）。七歲出家，日讀經書千字，過目不忘。既精奧義，詩亦奇險，兼工詩話。初爲吳越錢鏐所重，天復（九〇一～九〇三）中入益州，王建禮遇之，署號禪月大師，或呼爲得得來和尚。年八十一終於蜀。休意度高疏，天賦敏速，樂府古律，當時所宗，爲僧中一豪㉟。全唐詩卷八三一貫休「送僧歸日本」云：

焚香祝海靈，開眼夢中行。得達即便是，無生可作輕。流黃山火著，碇石索雷鳴。想到夷王禮，還爲上寺迎。原註：有僧遊日本云：彼祇有三寺，上寺名兜率，國王供養；中寺名浮上，極品官人供養；下寺名祇上寺，風俗供養，有德行即漸遷上也。

按遣唐留學僧徒，歷經風險，修求學問，故返國之後，多受推崇。如高宗永徽四年（六五三）入唐之惠施，顯慶三年（六五八）入唐之智通，龍朔二年至咸亨二年間（日本天智時代，六六三～六七一）入唐之智藏，返日後均任僧正；玄宗天寶十一載（七五二）入唐之行賀返日後爲大僧都㊱；空海返日後受知宮廷，行灌頂於高雄山寺，嗣後受四朝天皇寵遇，開高野山，賜東寺，爲少僧都等㊲，均爲顯証。故詩中「夷王禮」、「上寺迎」諸語，均爲實情也。

齊己，姓胡氏，名得生，益陽人。出家大溈山同慶寺，復棲衡嶽東林。聰敏逸倫，性耽吟詠。梁革唐命，欲入蜀，經江陵，高從誨留爲僧正，龍德元年（九二一）居之龍興寺。自號衡嶽沙門。有白蓮集十卷㊳。全唐詩卷八四七齊己「送僧歸日本」云：

日東來向日西遊，一鉢閒尋徧九州。却憶雞林本師詩，欲歸還待海風秋。

按雞林係新羅古名，舊傳新羅始王赫居世時（約當漢宣帝至哀帝時）國號徐羅伐，其人生於雞井，故或云雞林國，以其雞龍現瑞；一說脫解王（東漢明帝時在位）時徙金閼智，而雞鳴林中，乃改國號雞林㊴。至唐，高宗龍朔三年（六六三）詔以新羅爲雞林州都督府，授其王法敏爲都督，至文宗開成年間（八三六～八四〇）仍沿其舊㊵。是詩所贈日僧有「雞林本師」，蓋嘗求法於新羅，或其人竟爲渡日新羅僧侶所接引者乎？

【附註】

①見中日交通史上卷第五章遣隋使。

②參考岑仲勉「隋唐史」十五節佛教在唐之宗派、信仰及宣傳方法；嚴耕望「新羅留學生與僧徒」。

③見圓仁「入唐求法巡禮行記」卷四開成五年條。

④日本高僧傳要文抄第一。

⑤見圓仁「入唐新求聖教目錄」，最澄「法門道具等目錄」之「書法目錄」，宗叡「書寫請來法門等目錄」。

⑥參考新唐書卷二〇三、唐詩紀事卷三十錢起條，唐才子傳卷四錢起傳，全唐詩卷二三六附錢起小傳。

⑦見小川環樹：「唐代之詩人」錢起傳。是書馮作民譯爲「唐代詩人列傳」。

⑧森克己「遣唐使」第六章第三節。
⑨見本書第一章第一節。
⑩見木宮泰彥「中日交通史」上卷第八章、森克己「遣唐使」第六章。
⑪舊唐書卷一八九下儒學傳下陸質傳。
⑫見木宮泰彥「中日文通史」上卷第八章、森克己「遣唐使」第六章。
⑬參考舊唐書卷一五七、新唐書卷一六三馬總傳，全唐文卷五六八韓愈祭馬僕射文。
⑭入唐八家爲：最澄、空海、常曉、圓行、惠運、圓珍、宗叡、圓仁。
⑮參考梁容若「空海入唐求法記」。
⑯同⑮
⑰空海「御請來目錄」。
⑱參考唐詩紀事卷七四棲白條，全唐詩卷八二三附棲白小傳。
⑲參考圓仁「入唐求法巡禮行記」，梁容若「圓仁與其入唐求法巡禮行記」。
⑳全唐詩卷七二二李洞有「登圭峯舊隱寄薦福棲白上人」、「敍事寄薦福棲白」詩。卷七二三李洞有「哭棲白供奉」詩。
㉑全唐詩卷七一六。
㉒皮日休生平參考唐詩紀事卷六四、唐才子傳卷八皮日休傳，全唐詩卷六〇八皮日休小傳，歷代人物年里通譜。繫年見唐代詩人列傳皮日休傳。陸龜蒙生平參考新唐書卷一九六、唐詩紀事卷六四、唐才子傳卷八、全唐詩卷六一七、唐摭言等。
㉓參考圓仁「入唐求法巡禮行記」卷二、三、四，圓珍「新書寫請來法門等目錄」，木宮泰彥「中日交通史」第七章，森克己「遣唐使」第六章。
㉔見木宮泰彥「中日交通史」上卷第七章。
㉕史稱皮日休乾符二年（八七五）爲毗陵副使，後爲黃巢所俘。考黃巢稱兵於曹州，先轉戰於江北，至乾符五年（八七八）始引兵渡江，十二月克福州；六年（八七九）陷廣州，十一月轉掠饒、信、池、宣、歙、杭十五州。事詳資治通

鑑卷二五二、二五三。日休被俘，疑當在乾符五年以後。

㉖松江即流經上海之吳淞江，古名笠澤，別稱淞陵江。皮、陸之唱和詩集「松陵集」之名蓋出於此。

㉗見唐詩紀事卷六四顏萱條。

㉘參考舊唐書一九〇、新唐書卷一九四、唐才子傳卷八司空圖傳、唐詩紀事卷六三司空圖條，全唐詩卷六三二附司空條小傳。

㉙羅聯添先生「唐司空圖事蹟繫年」。

㉚參考唐詩紀事卷六八韋莊條、唐才子傳卷十韋莊傳、全唐詩卷六九五附韋莊小傳、夏承燾「韋端已年譜」。

㉛敬龍事跡，似未爲近人注意。如日人著作木宮泰彥「中日交通史」及森克己「遣唐使」、國人著作陳水逢「中國文化之東漸與唐代政教對日本王朝時代的影響」等書，均未提及。

㉜參考唐詩紀事卷六三方干條、唐才子傳卷七方干傳、全唐詩卷六四八附方干小傳。

㉝見全唐詩卷六四九，詩云：「蒼茫大荒外，風教即難知。連夜揚帆去，經年到岸遲。波濤含左界，星斗定東維。或有歸風便，當爲相見期。」

㉞參考唐詩紀事卷六八吳融條，唐才子傳卷九吳融傳、全唐詩卷六八四附融小傳。

㉟參考宋高僧傳卷三十，唐詩紀事卷七五、唐才子傳卷十貫休傳，全唐詩卷八二六貫休小傳。

㊱見陳水逢「中國文化之東漸與唐代政教對日本王朝時代的影響」第四章。

㊲梁容若：空海入唐求法記。

㊳參考宋高僧傳卷三十、唐才子傳卷九、全唐詩卷八九七齊己傳。

㊴三國遺事紀異卷第二新羅始王條。

㊵見舊唐書卷一九九上新羅傳。

第三章　唐代詩人與在華新羅人之文字交

高麗、渤海附

第一節　與新羅使節、文士之文字交

新羅始建國於漢宣帝五鳳元年（西元前五七），至有唐之世，武德七年（六二四），其王金眞平受唐册封爲新羅王，文武王時，於顯慶五年（六六〇）助唐討平百濟，自是漸有百濟、高麗之地。而其國之強盛，得唐助力最多，故唐化亦深，派遣來唐之使節，較其時任何蕃屬均爲頻數。據三國史記新羅本紀第八所載，聖德朝（當武后長安二年、七〇二；至玄宗開元廿四年、七三六）三十五年中，遣使凡三十六次；並於五年（唐中宗神龍二年、七〇六）之四月、八月、十月各遣使一次，其朝貢之勤可知。故聖德王二十三年（開元十二年、七二四）時，玄宗降書嘉之云：「卿每承正朔，朝貢闕庭，言念所懷，深可嘉尚。又得所進物等，並踰滄波，跋涉草莽，物既精麗，深表卿心。」蓋爲玄宗感其眞誠而發者也。

至於新羅文士留學唐之上庠，自太宗以來，即已有之。通典卷五三大學條云：

貞觀五年（六三一），太宗數幸國學。……無何高麗、百濟、新羅、高昌、吐蕃諸國酋長，亦遣子弟入國學。

諸蕃之中，遣子弟入唐留學者，以新羅為尤盛；逮有唐中葉，遂蔚成風氣，西來習業者，常百數十人。全唐文卷七九四孫樵「序西南夷」云：

道齊之東，……其島夷之大曰新羅。……率以儒教為先，彬彬然與諸夏肖也。其新羅大姓至有觀藝上國，科舉射策，與國子偕鳴者，載籍之傳，蔑然前聞。

唐會要卷三六附學讀書條云：

開成二年（八三七）二月，渤海國隨賀正王子大俊明，幷入朝學生共一十六人。勅：渤海所請生徒習學，宜令青州觀察使放六人到上都。……又新羅差入朝宿衞王子，幷准舊例，割留習業學生，並及先住學生等，共二百十六人，請時服糧料。

同書卷九五新羅條云：

開成五年（八四〇）四月，鴻臚寺奏新羅國告哀，其質子及年滿合歸國學生等，共一百五人，並放還。

全唐文卷一千新羅王金彥昇「分別還蕃及應留宿衞奏」云：

先在太學生崔利貞、金叔貞、樸季業四人（按原缺一人）請放還蕃，其新赴朝貢金允夫、金立之、樸亮之等一十二人，請留在宿衞，仍請配國子監習業。新羅、渤海使節文士來華之盛如此，唐之詩人，多樂與之交。計與新羅人結文字交者，有陶翰、張籍、賈島、張喬、沈頌、劉昚虛、章孝標、顧非熊、馬戴、許渾、貫休、杜荀鶴、張蠙、裴說、顧雲、劉得仁、林寬、項斯；與渤海人結文字交者有溫庭筠及徐夤。玆就其人、其事、其詩之可考者，略述於後。

一 使節部分

㈠陶翰與金卿　陶翰，潤州人，開元十八年（七三〇）進士及第，次年又擢博學鴻詞科，官至禮部員外郎。以冰壺賦著名。爲詩詞調雙美，旣多興象，復備風骨，大爲當時所稱①。全唐詩卷一四六陶翰「送金卿歸新羅」云：

奉義朝中國，殊恩及遠臣。卿心遙渡海，客路再經春。落日誰同望，孤舟獨可親。拂波銜木鳥，偶宿泣珠人。禮樂夷風變，衣冠漢制新。青雲已干呂，知汝重來賓。

此詩所送之「金卿」，「金」係其姓，「卿」係官銜。詩稱「奉義朝中國」，則其人必係使節；又稱「禮樂夷風變，衣冠漢制新」，則其人必久居中華，受文化薰陶而言語服飾均已唐化。「青雲已干呂」云云，顯見已爲唐官。此詩語氣頗具官僚口吻，顯爲陶翰出仕後所作。翰開元十八年登第，自此以後三十年，逮肅宗乾元二年（七五九）間，新羅嘗遣使入唐十七次，唐授官放還者五人②。其中之金思蘭因恭而有禮，爲唐朝留宿衞，並授太僕卿員外置同正員，開元廿一年（七三三）奉唐命使於新羅。陶翰此詩蓋卽送之。

嚴耕望先生「新羅留唐學生與僧徒」引東史綱目，稱「禮樂夷風變，衣冠漢制新」一詩係唐詩人周翰於會昌元年（八四一）送金雲卿所作，查全唐詩無周翰其人，綱目誤。

㈡張籍與新羅使及金士信　張籍生平已見前文③。籍有贈新羅使節詩兩首。其一爲全唐詩卷三八四「送新羅使」，詩云：

萬里爲朝使，離家今幾年。應知舊行路，却上遠歸船。夜泊避蛟窟，朝炊求島泉。悠悠到鄉國，還望海西天。

其二爲全唐詩卷三八五「送金少卿副使歸新羅」，詩云：

雲島茫茫天畔微，向東萬里一帆飛。久爲侍子承恩重，今佐使臣銜命歸。通海便應將國信，到家猶自著朝衣。從前此去人無數，光彩如君定是稀。

第一詩不知作於何時，就詩中「到鄉國」、「遠歸船」語推測，此使必爲新羅人；又云「離家今幾年」，則其人蓋入唐數載矣。第二詩所送之金少卿，係入唐「侍子」，以副使身份歸新羅。

按友邦納質，以示友好，其例古已有之。李唐初以天可汗之威號令天下，外國人以質子來唐者，復大見於長安，西、北諸蕃如吐谷渾、于闐、米國等，均嘗遣質④，東夷諸國，其風尤盛。玄宗開元十年（七二二）曾以「外蕃侍子久在京國，雖威惠之及，自遠畢歸，而羈旅之志，重遷斯在」爲由，勅諸蕃充質宿衞子弟並放還國⑤，然新羅等國侍子入唐，仍絡繹於途。其事備見史籍⑥，而張籍此詩復可爲證焉。

「金少卿」以侍子爲副使，自貞元中葉以後，唯有一人，即金士信。唐會要卷九五新羅條云：

〔元和七年（八一二），新羅王〕重興卒，立其相彥昇爲王，遣使金昌南等告哀。七月，授彥昇開府儀同三司、檢校太尉、持節大都督、雞林州諸軍事、兼持節寧海軍使、上柱國、新羅王；妻正氏册爲妃。……命職方員外郎攝御史中丞崔廷持節弔祭册立，以其質子金士信副之⑦。

籍詩所送副使，蓋即金士信。唐朝授贈新羅使節官品，以少卿爲多，如開元十八年（七三〇）授金志良太僕少卿員外置、開元廿二年（七三四）先後授金端竭丹及金志廉衞尉員外少卿⑧，士信蓋亦受少卿之職，特不知隸何官署耳。

金少卿既即金士信，此詩當爲元和七年七月所作，據羅聯添先生張籍年譜，其時籍在長安任太常太祝。

㈢賈島與新羅使　賈島生平已見前文⑨。其與新羅人之文字交，見於全唐詩卷七九一過海聯句，詩云：

沙島浮還沒，山雲斷復連高麗使。櫂穿波底月，船壓水中天島。

此詩原注作賈島與高麗使聯句，誤。按朝鮮半島自漢以來即爲高句麗、百濟、新羅三國所割據，至唐高宗顯慶五年（六六〇），蘇定方率兵討百濟，執其王扶餘義慈以歸，百濟遂滅。總章元年（六六八），李勣破高麗，擒其首領，高麗亦滅⑩。自此以後，浿水以南，遂爲新羅所統一，至五代中葉，方爲王氏高麗所取代。是賈島之時，本無高麗之國，「高麗使」當爲新羅使之誤。

島之一生窮愁潦倒，未嘗爲大吏，唯以詩見重於世，所與交者，如韓愈、李益、張籍、姚合等，皆一時名士，其人多有外籍文友。此與賈島聯句之新羅使，已不能確考名氏，或即張、姚等人輾轉相介者亦未可定。且以文字交而爲聯句者，唐代詩人所在多有⑪，而與外國人聯句者，祇此一首而已，可見賈島與此新羅使之交情不比泛泛也。

㈣張喬與朴球　張喬，池州人，咸通（八六〇—八七三）中擧進士，黃巢之亂，罷擧，隱居九華山。有高致，能苦學，詩句淸雅，迥少其倫。當時東南多才子，喬與許棠、喩坦之、劇燕、吳罕、任濤、周繇、張蠙、鄭谷、李栖遠等合稱十哲，俱以韻律馳聲⑫。喬詩喜與新羅人交，全唐詩收其詩二卷，贈新羅人詩多達七首，卷六三八「送棋待詔朴球歸新羅」云：

海東誰敵手，歸去道應孤。闕下傳新勢，船中覆舊圖。窮荒迴日月，積水載寰區。故國多年別，桑田復在無。

按新羅人多善奕，史有明文。新唐書卷二二〇東夷傳新羅條云：

〔新羅王興光於開元〕二十五年（七三七）死，帝尤悼之，贈太子太保，命邢璹以鴻臚少卿弔祭。……又以國人善棋，詔率府兵曹參軍楊季鷹爲副，國高奕皆出其下。

朴球雖爲伎藝之人，然得以棋術而充待詔，「闕下傳新勢」，蓋必隨使節團入唐。且其與張喬結交，蓋因喬亦嗜奕之故。喬有「贈棋僧侶」⑬云：

機謀時未有，多向奕棋銷。已與山僧敵，無令海客饒。靜驅雲陣起，疏點雁行遙。夜雨如相憶，松窗更見招。

又「詠棋子贈奕僧」⑭云：

黑白誰能用入玄，千回生死體方圓。空門說得恒沙劫，應笑終年爲一先。

由此二詩，可見喬頗精棋道。而前詩「無令海客饒」之海客，當可解釋爲「泛海而至之外國人」，猶唐人習稱外國人爲「蕃客」之例。準乎此，則海客或竟卽指朴球乎？

張喬與朴球由棋友進而爲文友，爲唐代文壇留一佳話。

二、文士部分

㈠沈頌與金文學　沈頌嘗官無錫尉。其與金文學交往，見全唐詩卷二〇二「送金文學還日東」詩：

君家東海家，君去因秋風。漫漫指鄉路，悠悠如夢中。煙霧積孤島，波濤連太空。冒險當不懼，皇恩措爾躬。

嚴耕望先生稱「唐人所謂日東多指日本而言，惟此則指新羅」⑮。按文學一職，西都、東都、北都及各州郡均置一人，掌以五經授諸生，縣則州補，州則授於吏部，無職事，多寒門鄙儒爲之，衣冠恥之。其職本名經學博士，德宗即位改爲文學，元和六年（八一一）廢中州下州文學⑯。此金文學名字無可考，蓋入唐求學，學成獲授文學之職。則其學成，當在建中（七八〇—七八三）之間矣。

㈡劉眘虛與薛文學　劉眘虛，江東人，天寶（七四二—七五五）時官夏縣令⑰。其「海上詩送薛文學歸海東」⑱云：

何處歸且遠，送君東悠悠。滄溟千萬里，日夜一孤舟。曠望絕國所，微茫天際愁。有時近仙境，不定若夢遊。或見青山古，孤山百里秋。前心方杳眇，後路勞夷猶。離別惜吾道，風波近皇休。春浮花氣遠，思逐海水流。日暮驪歌後，永懷空滄洲。

薛文學名字無可考，蓋亦入唐留學生，由此詩句推測，送別當在滄洲。

㈢章孝標與金可紀　章孝標，字道正，錢塘人，一作桐廬人，登元和十四年（八一九）進士第，授秘書省正字，太和（八二七—八三五）中，試大理評事⑲。孝標與金可紀交往，見全唐詩卷五〇六「送金可紀歸新羅」詩：

登唐科第語唐音，望日初生憶故林。鮫室夜眠陰火冷，蜃樓朝泊曉霞深。風高一葉飛魚背，潮淨三山出海心。想把文章合夷樂，蟠桃花裡醉人參。

金可紀在唐登科，嫻於唐語，長於爲文，唐載籍中之金可記，蓋卽其人。太平廣記卷五三金可記條引續仙傳云：

金可紀，新羅人也。賓貢進士。性沉靜好道，不尙華侈，或服氣鍊形，自以爲樂。博學強記，屬文清麗，美姿容，擧動言談，逈有中華之風。俄擢第，於終南山子午谷葺居，懷隱逸之趣，手植奇花異果極多。常焚香靜坐，若有思念。又誦道德及諸仙經不輟。後三年思歸本國，航海而去。復來，衣道服，却入終南，務行陰德，人有所求，初無阻拒，精勤爲事，人不可偕也。唐大中十一年十二月，忽上表，言「臣奉玉皇詔，爲英文臺侍郎，明年二月二十五日當上昇」。時宣宗極以爲異，遣中使徵入內，固辭不就；又求玉皇詔，辭以爲別仙所掌，不留人間。遂賜宮女四人，香藥金綵。又遣中使二人專伏侍者。可記獨居靜室，宮女中使多不接近。每夜聞寺內常有客談笑聲，中使竊窺之，但見仙官仙女，各坐龍鳳之上，儼然相對，復有侍衞非少，而宮中使不敢輒驚。二月二十五日，春景妍媚，花卉爛熳，果有五雲唳鶴，翔鸞白鵠，笙簫金石，羽蓋瓊輪，幡幢滿室，仙杖極衆，昇天而去，朝列士庶，觀者塡隘山谷，莫不瞻禮嘆異。

按此文所載玉皇詔令、白日飛昇等節，固不可信，然述可記出身行事，則語甚平實，可補孝標詩之不足。茲綴輯其文，作金可記小傳：金可記，或作可紀，新羅人，武、宣之世求學入唐，以賓貢科登第，不仕，葺居終南山子午谷，後三年泛海歸國。復來，衣道士服，却入終南，大中十二年（八五八）失踪，傳說其道成上昇云。可記博學強記，沉靜好道，服氣鍊形，自以爲樂。與詩人章孝標善，歸新羅時，孝標有詩送焉。

章孝標與金可記交往，未知始自何時，惟就送可記詩推測，當在可記登第後居終南山之三年間。孝標嘗遊江南，有「遊地肺」詩記其事⑳；終南多道士，孝標亦好道，嗜鍊丹術，由其詩「贈匡山道者」、「道者與金丹開合已失因爲二首再有投擲」、「題上皇觀」、「玄都觀栽桃十韻」㉑等首可知。孝標與可記有共同信仰，其交往之始由於道學，亦未可定。

㈣顧非熊與樸處士　顧非熊，蘇州人，況之子。少俊悟，性滑稽好辯，凌轢氣焰子弟，困舉場三十年，穆宗長慶（八二一－八二四）中登進士第，累佐使府。大中（八四七－八五九）間爲盱眙尉，慕父風，棄官隱茅山㉒。全唐詩卷五〇九收其「送樸處士歸新羅」詩一首。詩云：

少年離本國，今去已成翁。客夢孤舟裡，鄉山積水東。鼇沉崩巨岸，龍鬬出遙空。學得中華語，將歸誰與同。

樸處士名字行誼無可考，蓋新羅文士之久居中華者。

㈤馬戴與朴山人　馬戴，字虞臣，華州人。會昌四年（八四四）登進士第，與項斯、趙嘏同榜，俱有盛名。宣宗大中（八四七－八五九）初，太原李司空辟掌書記，以直言被斥爲龍場尉。懿宗咸通（八六〇－八七三）末，佐大同軍幕，與賈島、許棠唱荅。終太學博士㉓。其與新羅朴山人之文字交往，見全唐詩卷五五六「送朴山人歸新羅原註：一作海東」，詩云：

浩渺行無極，揚帆但信風。雲山過海半，鄉樹入舟中。波定遙天出，沙平遠岸窮。離心寄何處，目斷曙霞東。

此詩或作僧尚顏所作。唐人稱隱士爲山人，朴山人當文士之未出仕者。馬戴與顧非熊善，爲文字至交㉔，疑此朴山人可能即爲非熊文友樸處士也。

㈥許渾與罷舉新羅文士　許渾，字用晦，或作仲晦，丹陽人。圉師之後。太和六年（八三二）登進士第，爲當塗、太平二縣令，以病免。久之，起爲潤州司馬。大中三年（八四九）爲監察御史，歷虞部員外郎，睦、郢二州刺史。潤州有丁卯橋，渾別墅在焉。渾與新羅文士結交，見全唐詩卷五三一「送友人罷擧歸東海」詩：

滄海天塹外，何島是新羅。舶主辭番遠，棋僧入漢多。海風吹白鶴，沙日曬紅螺。此去知投筆，須求利劍磨。

渾久居潤州，卽今之鎭江，其地近揚州，爲唐代對外交通重鎭。此詩述海濱景色頗詳切，又有「舶主」云云，豈渾在潤州卽開成（八三六－八四〇）、會昌（八四一－八四六）時所作乎？又由詩中「投筆」、「磨劍」勉勵之語推測，似其友人並未及第。

㈦張喬與金夷吾、朴充及不知名新羅人　張喬行跡已見前文，其人生平善與新羅人交往，其中文士，則有金夷吾、朴充等三人。全唐詩卷六三八張喬「送賓貢金夷吾奉使歸本國」云：

渡海登仙籍，還家備漢儀。孤舟無岸泊，萬里有星隨。積水浮魂夢，流年半別離。東風未迴日，音信杳難期。

金夷吾蓋來唐求學，登賓貢科，復受唐命使於新羅者。按唐代取士之制，大要有三：由學舘者曰生徒，由州縣者曰鄉貢，天子自詔者曰制擧㉕。唐中葉以後，外籍留學生日多，其人亦多參與貢擧，因有賓貢科之設。穆宗長慶（八二一－八二四）初年已有新羅人登賓貢科。東史綱目卷五上云：

> 長慶初，金雲卿始登賓貢科。所謂賓貢科者，各自別試，附名榜尾。自雲卿後至唐末，登科者五十八人。

是賓貢之制，異乎一般科目，而有「各自別試，附名榜尾」之特色，此卽崔致遠桂苑筆耕集序自述在唐「觀光六年，金名榜尾」之意。蓋留學生卽使用功至勤，因囿於文化背景，學問修養終難與唐人競爭，故賓貢科考試之命題、閱卷、放榜均不得與唐人並列。此科於文宗、武宗之後，尤爲盛行。錢易南部新書丙集云：

> 大中（八四七－八五九）以來，禮部放牓，歲取二三人姓氏稀僻者，謂之色目人，亦謂之曰牓花。

留學生雖不一定爲「姓氏稀僻者」，惟衡以宋、元以來「色目人」所指稱之對象，則此類「牓花」，當雜有不少外籍人士。此法之意，蓋與賓貢相同。

金夷吾於何年登第不詳，然東史網目卷五上文聖王慶膺三年（會昌元年、八四一）條云：

> 初本國人金雲卿入唐爲兗州都督府司馬。至是，帝以雲卿爲使，……雲卿，長慶初始登唐賓貢科，題名杜師禮榜，……後有金夷魚、金可紀者連登進士第。

金夷魚蓋卽金夷吾。其登第當在金可記之前，可記於大中（八四七－八五九）中已登第，夷吾當亦在此之前也。又夷吾於何年奉使歸國，亦無可考，惟張喬於黃巢之亂卽隱居九華山，旣有詩送夷吾行，則夷吾歸國當在廣明（八八〇）以前矣。考新羅舊史，唐自武宗以後，迄僖宗廣明以前分別於武宗會昌元年（八四一）、懿宗咸通六年（八六五）、僖宗乾符元年（八七五）、乾符五年（八七九）遣使新羅四次，會昌元年使爲金雲卿，咸通六年使爲胡歸厚、副使裴光，僖宗二使，則未載其名，豈金夷吾卽二者之一乎？

全唐詩卷六三八張喬「送朴充侍御歸海東」詩云：

天涯離二紀，闕下歷三朝。漲海雖然闊，歸帆不覺遙。驚波時失侶，擧火夜相招。來往尋遺事，秦皇有斷橋。

朴充官侍御史，階從六品下，職掌糾擧百寮及入閣承詔，知推彈雜事。其人是否以登唐科第而入仕途，無可考；就喬詩「二紀」、「三朝」推測，充蓋留唐廿四年，歷宣、懿、僖三朝者也。惜未知其人與張喬之交往始於何時。

張喬又有「送人及第歸海東」㉖詩云：

東風日邊起，草木一時春。自笑中華路，年年送遠人。

此一新羅人名氏、身世、來去日期一無可考，蓋入唐求學，登賓貢第之後卽歸新羅，未仕唐官者。

（八）貫休、杜荀鶴、張蠙、裴說與諸新羅及第者　貫休生平已見前文㉗。休與新羅文士及新羅、日本僧侶多文字交，其記與新羅文士交往者，有「送新羅人及第歸」㉘云：

捧桂香和紫禁煙，遠鄉程徹巨鼇邊。莫言挂席飛連夜，見說無風即數年。衣上日光眞是火，島旁魚骨大於船。到鄉必遇來王使，與作唐書寄一篇。

此詩當爲貫休入蜀前所作，「到鄉必遇來王使，與作唐書寄一篇」云云，顯見其與此新羅文士友情甚篤。

杜荀鶴，字彥之，池州人。生於武宗會昌六年（八四六），卒於昭宣帝天祐元年（九〇四）。有詩名，自號九華山人。昭宗大順二年（八九一），以第一人擢第，復還舊山。宣州田頵遣至汴通好，朱全忠厚遇之，表授翰林學士，遷主客員外郎，知制誥㉙。荀鶴與新羅賓貢之文字交，見全唐詩卷六九一「送賓貢登第後歸海東」詩，詩云：

歸捷中華第，登船鬢未絲。直應天上桂，別有海東枝。國界波窮處，鄉心日出時。西風送君去，莫慮到家遲。

張蠙字象文，清河人，登昭宗乾寧二年（八九五）進士第。釋褐爲校書郎，調櫟陽尉，遷犀浦令，入蜀，拜膳部員外郎，終金堂令。其詩與許棠、張喬齊名㉚。全唐詩卷七〇二蠙「送友人及第歸（一本題下有新羅二字）」云：

家臨滄海東，未曉日先紅。作貢諸蕃別，登科幾國同。遠聲魚呷浪，層氣蜃迎風。鄉俗稀攀桂，爭來問月宮。

詩中「作貢諸蕃別，登科幾國同」句，可證受詩者係賓貢及第，因賓貢之試，乃視應試者不同之國籍作不同命題者也。

裴說，天祐三年（九〇六）登進士第，官終禮部員外郎。有「贈賓貢」㉛云：

惟君懷至業，萬里信悠悠。路向東溟出，枝來北闕求。家無一夜夢，帆挂隔年秋。鬢髮爭禁得，孤舟往復愁。

說此一文字交，蓋亦來自新羅之文士。

(九)顧雲與崔致遠　顧雲，字垂象，池州人。風韻詳整，與杜荀鶴、殷文圭友善，同肄業九華。咸通十五年（卽僖宗乾符元年、八七四）登第，爲高駢淮南從事。畢師鐸之亂，退居霅川，杜門著書。大順（八九〇—八九一）中與羊昭業、盧知猷、陸希聲、錢翊、馮渥、司空圖等分修宣、懿、僖三朝實錄。書成，加虞部員外郎。乾寧（八九四—八九七）初卒㉜。

崔致遠爲新羅史上留唐學生中之傳奇人物，三國史記卷四六崔致遠傳記其行事極詳，傳云：

崔致遠，字孤雲，或云海雲。王京沙梁部人也。史傳泯滅，不知其世系。致遠少精敏好學，至年十二，將隨海舶入唐求學。其父謂曰：「十年不第卽非吾子也。行矣勉之。」

致遠至唐，追師學問無怠。乾符元年甲午，禮部侍郎裴瓚下一舉及第。調授宣州溧水縣尉。考績爲承務郎侍御史內供奉賜紫金魚袋。時黃巢叛，高駢爲諸道行營兵馬都統以討之，辟致遠爲從事，以委書記之任。其表狀書啓傳之至今。及年二十八歲，有歸寧之志，僖宗知之。光啓元年，使將詔書來聘，留爲侍讀兼翰林學士守兵部侍郎知瑞書監。致遠自以西學多所得，及來將行己志，而衰季多疑忌，不能容。出爲大山郡太守。唐昭宗景福二年，納旌節使兵部侍郎金處誨沒於海，卽差橻城郡太守金峻爲告奏使，時致遠爲富城郡太守，祇召爲賀正使，以比歲饑荒，因之盜賊交午，道梗不果行。其後致遠亦嘗奉使如唐，但不知其歲月耳。

致遠所著桂苑筆耕集序錄亦云：

臣以年十二離家西泛，當乘桴之際，亡父誡之曰：「十年不第進士，則勿謂吾兒；吾亦不謂有兒往矣。勤哉，無隳乃力！」臣佩服嚴訓，不敢彌忘。懸刺無遑，冀諸養志。……觀光六年，金名榜尾。

是致遠十二歲入唐，六年之後，以僖宗乾符元年十八歲登第，由此上推，致遠當生於唐宣宗大中十年（八五六），於懿宗咸通九年（八六八）來華。致遠既登第，唐授官溧水縣尉；逮廣明元年三月（八八〇）高駢爲諸道行營都統，辟掌書記，致遠年方廿四而已。王師夢鷗「

傳奇校補考釋」以爲「自高駢坐鎭淮陽以後，其重要文移多出自顧雲之手」，則廣明以後，致遠與顧雲於高駢府中同掌書記矣。致遠至二十八歲有歸寧之志，翌年春遂返新羅，時爲唐憲宗咸通元年，新羅憲廣王十一年。桂苑筆耕集致遠所署結銜爲「淮南入本國兼送詔書等使、前都統巡官、承務郎、侍御史、內供奉賜紫金魚袋」，似其返鄉時，僖宗並委以使節之任也。以自序崔父「十年」之誡觀之，致遠係負笈唐之國學。（新羅學生留學於唐，其本國以十年爲限。）而自謂「金名榜尾」，則係以賓貢科登第者也。

顧雲與崔致遠同年，且嘗同在高駢幕府；二人論交在十年以上，其交往之見諸文字者，如桂苑筆耕集卷十七「獻詩啓」云：

某啓：某竊覽同年校書獻相公長啓一首，短歌十篇，學派則鯨噴海濤，詞鋒則劍倚雲漢，備爲贊頌，永可流傳。如某者跡自外方，藝唯下品，……輒獻紀德絕句詩三十首，伏惟特恕荒蕪，俯垂采覽。

相公卽高駢，同年必爲顧雲。此啓係述致遠因見顧雲獻其詩作於高駢，於是亦獻紀德詩三十首之事。又三國史記卷四六崔致遠傳云：

〔致遠〕始西遊時，與江東詩人羅隱相知，隱負才自高，不輕許可人，示致遠所製歌詩五軸。又與同年顧雲友善，將歸，顧雲以詩送別，略曰：「我聞海上三金鼇，金鼇頭戴山高高。山之上兮，珠宮貝闕黃金殿。山之下兮，千里萬里之洪濤。傍邊一點雞林碧，鼇山孕秀生奇特。十二乘船渡海來，文章感動中華國。十八橫行戰詞苑，一箭射破金門策。」

又記云：

據新羅稗史「白雲小說」㉝所記，顧雲此詩標題爲「儒仙歌」，且致遠自序云：「巫峽重峰之世，絲入中華；銀河列宿之年，錦還東國。」蓋言其年十二入唐，二十九而東歸也。同書

崔致遠入唐登第，以文章名動海內，有詩一聯曰：「崑崙東走五山碧，星宿北流一水黃」。同年顧雲曰：此句係一輿地志。

凡此數條，不論其詩其事，均唐詩紀事、全唐詩等書所未載，而足作顧、崔爲文字至交之明證。

崔致遠之詩文，確乎爲新羅獨據朝鮮半島三百年中之冠，後世編纂新羅歷史者，莫不譽爲一代文宗；稗官野史，更取爲素材，繪聲繪影，以實其才子風貌。如三韓舊籍新羅殊異傳引太平通載卷六八崔致遠條㉞，即敍致遠任溧水尉時與二女鬼之艷事，該文之人物、故事結構、詞藻安排，均與初唐張鷟所撰遊仙窟形神並似，至堪玩味。茲迻錄「崔」文於後，以證明韓人對此新羅才士之崇仰，同時供中韓文學比較研究者參考焉。

崔致遠，字孤雲。年十二西學於唐，乾符甲午，學士裴瓚掌試，一舉登魁科。調授溧水縣尉。嘗遊縣南界招賢舘，舘前岡有古塚，號雙女墳，古今名賢遊覽之所。致遠題詩石門曰：「誰家二女此遺墳，寂寂泉扃幾怨春。形影空留溪畔月，姓名難問塚頭塵。芳情儻許通幽夢，永夜何妨慰旅人。孤館若逢雲雨會，與君繼賦洛川神。」題罷到館。是時月白風清，杖藜徐步，忽覩一女，姿容綽約，手操紅帒就前曰：「八娘子、九娘子傳語秀才，朝來特勞玉趾，兼賜瓊章，各有酬答，謹令奉呈。」公回顧驚惶，再問何姓娘子。女曰：「朝間披榛拂石題詩處，卽二娘所居也。」公乃悟。見第一帒，是八娘子奉酬秀才，其詞曰：「幽魂離恨寄孤墳，桃臉柳眉猶帶春。鶴駕難尋三島路，鳳釵空墮九泉塵。當時在世長羞客，今日含嬌未識人。深愧詩詞知妾意，一回延首一傷神。」次見第二帒，是九娘子。其詞曰：「往來誰顧路傍墳，鸞鏡鴛衾盡惹塵。一死一生天上命，花開花落世間春。每希秦女能拋俗，不學任姬愛媚人。欲薦襄王雲雨夢，千思萬憶損精神。」又書於後幅曰：「莫怪藏名姓，孤魂畏俗人。欲將心事說，能許暫相親。」公既見芳詞，頗有喜色，乃問其女姓名，曰翠襟。公悅而挑之，翠襟怒曰：「秀才合與回書，空欲累人。」致遠乃作詩付翠襟曰：「偶把狂詞題古墳，豈期仙女問風塵。翠襟猶帶瓊花艷，紅袖應含玉樹春。偏隱姓名寄俗客，巧裁文字惱詩詩人。斷腸唯願陪歡笑，祝禱千靈與萬神。」繼書末幅云：「青鳥無端報事由，暫時相憶淚雙流。今宵若不逢仙質，判却殘生入地求。」翠襟得詩還，迅如飆逝。致遠獨立哀吟，久無來耗，乃詠短歌，向畢，香氣忽來，良久二女齊至，正是一雙明玉，兩朵瑞蓮。致遠驚喜如夢，拜云：「致遠海島微生，風塵末吏，豈期仙侶猥顧風流，輒有戲言，便垂芳躅。」二女微笑無言。致遠作詩曰：「芳宵幸得暫相親，何事無言對暮春。將謂得知秦室婦，不知元是息夫人。」於是紫裙者恚曰：「始欲笑言，便蒙輕蔑，息嬀曾從二婿，賤妾未事一夫。」公云：「夫人不言，言必有中。」二女皆笑。致遠乃問曰：「娘子居在何方？族序是誰？」紫裙隕淚曰：「兒與小妹，溧水縣楚城鄉張氏之二女也。先父不爲縣吏，獨占鄉豪，富似銅山，侈同金谷。及姊年十八，妹年十六，父母論嫁，阿奴則定婚鹽商，小妹則許嫁茗估。姊妹每說移天，未滿於心，鬱結難伸，遽至死亡。所冀仁賢勿萌猜嫌。」致遠曰：「玉音昭然，豈有猜慮。」乃問二女：「寄墳已久，去館非遙，如有英雄相會，何以示現美談。」紅袖者曰：「往來者皆是鄙夫，今幸遇秀才，氣秀鼇山，可與話玄玄之理。」致遠將進酒，謂二女曰：「不知俗中之味，可獻物外之人乎？」紫裙者曰：「不飡不飲，無飢無渴。然幸接瓌姿，得逢瓊液，豈敢辭違。」於是飲酒各賦詩，皆是清絕不世之句。是時明月如晝，清風似秋。其姊改令曰：「便將月為題，以風為韻。」於是致遠作起聯曰：「金波滿目泛長空，千里愁心處處同。」八娘曰：「輪影動無迷舊路，桂花開不待春風。」九娘曰：「圓輝漸皎三更外，離思偏傷一望中。」致遠曰：「練色舒時分錦帳，珪模映處透珠櫳。」八娘曰：「人間遠別腸堪斷，泉下孤眠恨莫窮。」九娘曰：「每羨嫦娥多計校，能拋香閣到仙宮。」公嘆訝尤甚。乃曰：「此時無笙歌奏於前，能事未能畢矣。」於是紅袖乃顧婢翠襟而謂致遠曰：「絲不如竹，竹不如肉，此婢善歌。」乃命訴衷情詞。翠襟斂袵一歌，清雅絕世。於是三人半酣，致遠乃挑二女曰：「嘗聞盧充逐獵，忽遇良姻；阮肇尋仙，得逢嘉配。芳情若許，姻好可成。」二女皆諾曰：「虞帝為君，雙雙在御。周良作將，兩兩相隨。彼昔猶然，今胡不爾。」致遠喜出望外。乃相與排三淨枕，展一新衿。三人同衿。繾綣之情，不可具談。致遠戲二女曰：「不向閨中作黃公之子婿，翻來塚側夾陳氏之女奴。未測何緣得逢此會。」女兄作詩曰：「聞語知君不是賢，應緣慣與女奴眠。」弟應聲續尾曰：「無端嫁得風狂漢，強被輕言辱地仙。」公答為詩曰：「五百年來始遇賢，且歡今夜得雙眠。芳心莫怪親狂客，曾向春風占謫仙。」小頃月落鷄鳴，二女皆驚。謂公曰：「樂極悲來，離長會促，是人間貴賤同傷；況乃存沒異途，升沉殊路，每慚白晝，虛擲芳時。只應拜一夜之歡，從此作千年之恨；始喜同衾之有幸，遽嗟破鏡之無期。」二女各贈詩曰：「星斗初回更漏闌，欲語離緒淚闌干。從茲便結千年恨，無計重尋五夜歡。」又曰：「斜月照窗紅臉冷，曉風飄袖翠眉攢。辭君步步偏腸斷，雨散雲歸入夢難。」致遠見詩，不覺垂淚。三女謂致遠曰：「倘或他時，重經此處，修掃荒塚。」言訖卽滅。明旦，致遠歸塚邊，彷彿嘯咏，感嘆尤甚。作長歌自慰曰：「草暗塵昏雙女墳，古來名迹竟誰聞。唯傷廣野千秋月，空鎖巫山兩片雲。自恨雄才爲遠吏，偶來孤館尋幽邃。戲將詞句向門題，感得仙姿侵夜至。紅錦袖、紫羅裙，坐來蘭麝逼人薰。翠眉丹頰皆超俗，飮態詩情又出群。對殘花、傾美酒，雙雙妙舞呈纖手。狂心已亂不知羞，芳意試看相許否。美人顏色久低迷，半含笑態半含啼。面熟自然心似火，臉紅寧假醉如泥。歌艷詞、打懽合，芳宵良會應前定。纔聞謝女啓淸談，又見班姬擒雅詠。情深意密始求親，正是艷陽桃李辰。明月倍添衾枕思，香風偏惹綺羅身。綺羅身、衾枕思，幽懽未已離愁至。數聲餘歌斷孤魂，一點殘燈照雙淚。曉天鸞鶴各西東，獨坐思量疑夢中。沉思疑夢又非夢，愁對朝雲歸碧空。馬長嘶、望行路，狂生猶再尋遺墓。不逢羅襪步芳塵，但見花枝泣朝露。腸欲斷、首頻回，泉戶寂寥誰爲開。頓轡望時無限淚，垂鞭吟處有餘哀。暮春風、暮春日，柳花撩亂迎風疾。常將旅思怨韶光，況是離情念芳質。人間事、愁殺人，始聞達路又迷津。草沒銅臺千古恨，花開金谷一朝春。阮肇劉晨是凡物，秦皇漢帝非仙骨。當時嘉會杳難追，後代遺名徒可悲。悠然來，忽然去，是知風雨無常主。我來此地逢雙女，遙似襄王夢雲雨。大丈夫、大丈夫，壯氣須除兒女恨。莫將心事變妖狐。」後致遠擢第東還，路上歌詩云：「浮世榮華夢中夢，白雲深處好安身。」乃退而長往，尋僧於山林江海，結小齋、尋石臺，耽玩文書，嘯咏風月，消遙偃仰於其間。南山清涼寺、合浦縣月影臺、智理山雙溪寺、石南寺、墨泉石臺、種牡丹，至今猶存，皆其遊歷也。最後隱於伽耶山海印寺。與兄大德賢俊、南岳師定玄，探賾經論，遊心沖漠，以終老焉。

(十)貫休、劉得仁、林寬、項斯與諸不知名新羅文士　貫休生平已見前文，其「送人歸新羅」㉟云：

昨夜西風起，送君歸故鄉。積愁窮地角，見日上扶桑。蜃氣生初霽，潮浪匝亂荒。從茲頭各白，魂夢一相望。

詩云「從茲頭各白」，則係貫休中年以後作也。

劉得仁，公主之子，長慶（八二一－八二四）間即以詩名，五言清瑩，獨步文場。自文宗至宣宗三朝，昆弟皆歷貴仕，得仁獨苦工文，嘗立志不獲科第必不儋人之爵，出入舉場三十年，卒無成㊱。其「送新羅人歸本國」㊲云：

雞林隔巨浸，一住一年行。日近國先曙，風吹海不平。眼穿鄉井樹，頭白渺瀰程。到彼星霜換，唐家語却生。

林寬，侯官人，有「送人歸日東」㊳詩云：

滄溟西畔望，一望一心催。地即同正朔，天敎阻往來。波翻夜作電，鯨吼晝爲雷。門外人蓡徑，到時花幾開。

唐人所稱日東，多指日本，惟此詩稱「地即同正朔」，而鄰邦之中，唯新羅至唐高宗以後奉唐正朔，則此處日東當指新羅。又「門外人蓡徑」句亦可爲證。蓡同參。

項斯，字子遷，江東人。會昌四年（八四四）擢第，官潤州丹徒縣尉，卒於任所。開成（八三六—八四〇）之際，聲價籍甚，特爲張籍所賞，故詩之格調頗與籍相似㊴。其「送客歸新羅」㊵詩云：

君家滄海外，一別見何因。風土雖知敎，程途自致貧。浸天波色晚，橫笛鳥行春。明發千檣下，應無更遠人。

風土知敎云云，此新羅客當爲文士。

(十一) 溫庭筠與渤海王子　溫庭筠，本名歧，字飛卿，太原人，宰相彥博裔孫。少敏悟，才思艷麗，韻格清拔，工爲詞章小賦。與李商隱共稱溫李。大中（八四七—八五九）初應進士，至京師，時流翕然推重，然不脩邊幅，由是累年不登第。徐商鎮襄陽，往依之，署爲巡官，不得志去，咸通（八六〇—八七二）中歸江東，後商知政事，頗右之，欲白用。會商罷相，楊收疾之，貶方城尉，再遷隋縣尉卒㊶。庭筠有「送渤海王子歸本國」㊷詩云：

疆理雖重海，車書本一家。盛勳歸舊國，佳句在中華。定界分秋漲，開帆到曙霞。九門風月好，回首是天涯。

按渤海國本高麗別種，則天時大祚榮所建，其盛時奄有松花江以南至日本海之地。其風俗與高麗及契丹同，頗有文字及書記。玄宗開元初，封其王爲渤海郡王㊸，此後卽迭遣質子及留學生入唐。此詩之渤海王子，既「盛勳歸舊國，佳句在中華」，蓋受唐封賞，而長於韻語者。考舊唐書渤海傳及册府元龜卷九七二，唐代中葉以後入唐之渤海王子，有貞元七年（七九一）之大貞翰、元和五年（八一〇）之大延眞、八年（八一三）之辛文德、十年（八一五）之大庭俊、太和六年（八三二）之大明俊、七年（八三三）之大先晟等；新唐書渤海傳稱其國使文宗世來朝十二次，武宗世來朝四次，咸通時凡三朝獻，惟未提及朝使中是否有王子。庭筠贈詩之渤海王子，當爲舊唐書及册府元龜所列諸人之一。復就庭筠生存時代考較，以大明俊、大先晟二人最有可能，夏承燾溫飛卿繫年卽定此詩爲太和六年送大明俊所作，其時庭筠方廿一歲耳。惟外國聘使在唐，不論留備宿衛或入國學，當居兩京；庭筠太原人，其廿七歲（開成三年、八三八）前經歷無可考㊹，若此詩確爲太和六、七年之作，則庭筠於此時已遊京畿，遂與王子論交；否則卽爲王子返國路過太原時而與庭筠結識者歟？

(十二)徐夤與高元固　徐夤，字昭夢，莆田人。登昭宗大順三年（八九二）進士第，授秘書省正字。依王審知，禮待簡略，遂拂衣去，歸隱延壽溪㊺。有「渤海賓貢高元固先輩閩中相訪云本國人寫得夤斬蛇劍御溝水人生幾何賦家皆以金書列爲屛障因而有贈」㊻詩云：

折桂何年下月中，閩中來問我雕蟲。肯銷金翠書屛上，誰把芻蕘過日東。郯子昔時遭孔聖，繇余往代諷秦宮。嗟嗟大國金門士，幾個人能振雄風。

高元固係由賓貢及第，徐夤以先輩稱之，其人當在大順三年以前登科；斬蛇劍、御溝水、人生幾何等賦，均見於全唐文卷八三〇，蓋皆遊戲抒懷之作。詩題稱夤賦在渤海「家皆以金書列爲屛障」，蓋流傳已久，而元固相訪又在閩中，疑此一文字之交，結於夤之晚年也。

【附　註】

①參考唐才子傳卷二、全唐文卷三三四、全唐詩卷一四六陶翰傳。

②三國史記卷八、卷九。使節授官放還者：開元十八年（七三〇）金志良授太僕少卿員外置、開元廿一年（七三三）金思蘭授太僕員外卿，開元廿二年（七三四）金端竭丹授衛尉少卿，金志廉授鴻臚少卿員外置，王弟授左清道率府員外長史。

③見本書第一章第二節。

④謝海平「唐代留華外國人生活考述」第一編第一章第二節。

⑤冊府元龜卷九九六、唐大詔令集卷一二八。舊唐書卷八玄宗紀。

⑥冊府元龜卷九九六。

⑦此條並見舊唐書卷一九九上新羅傳。

⑧三國史記卷八、卷九。

⑨見本書第二章第一節。

⑩新唐書卷二二〇東夷傳。

⑪全唐詩所收聯句，自卷七八八至卷七九四，凡七卷之多。

⑫參考唐詩紀事卷七十張喬條，唐才子傳卷十、全唐詩卷六三八張喬傳。

⑬全唐詩卷六三八。

⑭全唐詩卷六三九。

⑮嚴耕望：新羅留學生與僧徒。

⑯參考新唐書卷四九下百官志、通志卷五十六職官志。

⑰全唐詩卷二五六附劉眘虛小傳。

⑱全唐詩卷二五六。

⑲參考唐詩紀事卷四一章孝標條，唐才子傳卷六、全唐詩卷五〇六章孝標傳。

⑳全唐詩卷五〇六。詩云：市朝擾擾千古，林壑冥冥四賢。黃鶴不歸丹竈，白雲自養芳田。溪灘永夜流月、羽翼清秋在天。高跡無人更躡，碧峯寥落孤煙。

㉑均見全唐詩卷五〇六。

㉒參考舊唐書卷一三〇顧況傳、唐詩紀事卷六三顧非熊條、唐才子傳卷七、全唐詩卷五〇九顧非熊傳。

㉓參考唐詩紀事卷五四馬戴條、唐才子傳卷七馬戴傳、全唐詩卷五五五馬戴小傳。

㉔全唐詩卷五五五馬戴有「送顧非熊下第」詩、卷五五六有「送顧少府之永康詩」。

㉕文獻通考卷二九選舉二。

㉖全唐詩卷六三九。

㉗見本書第二章第二節。

㉘全唐詩卷八三六。

㉙參考舊五代史卷二四梁書杜荀鶴傳，唐詩紀事卷六五、唐才子傳卷九杜荀鶴傳。

㉚參考唐詩紀事卷七十，唐才子傳卷十、全唐詩卷七〇二張蠙傳。

㉛裴說生平參考唐詩紀事卷六五，詩見全唐詩卷七二〇。

㉜參考唐詩紀事卷七六顧雲條、全唐詩卷六三七顧雲傳。

㉝三國遺事附錄高麗稗乘鈔。

㉞新訂三國遺事目錄。

㉟全唐詩卷八二九。

㊱參考唐詩紀事卷五十三劉得仁條、唐才子傳卷六劉得仁傳。

㊲全唐詩卷五四四。

㊳林寬生平無可詳考，此據全唐詩卷六〇六所載，詩同。

㊴參考新唐書卷一六〇楊敬之傳、唐詩紀事卷四九、唐才子傳卷七項斯傳。

㊵見全唐詩卷五五四；又作許彬詩。

㊶參考舊唐書卷一九〇下温庭筠傳，唐詩紀事卷五四、唐才子傳卷八及全唐詩卷五七五温庭筠傳，唐宋詞人年譜温飛卿

繫年。

㊷全唐詩卷五八三。

㊸參考舊唐書卷二二〇、新唐書卷一九九下北狄傳。

㊹夏承燾唐宋詞人年譜温飛卿繫年。

㊺參考唐才子傳卷十、全唐詩卷七〇八徐夤傳。

㊻全唐詩卷七〇九。

第二節　與新羅僧侶之文字交

佛敎自漢朝傳入中國，歷魏晉南北朝數代弘揚，已風行全境，寖而被諸友邦。陳、隋間海東僧侶來華求法者，已備載於史籍①，及乎唐世，三韓之地，已成「儒釋並熾」之局面。三國遺事卷三寶藏奉老條云：

高麗本紀云：麗季武德、貞觀間，國人爭奉五斗米敎。……明年（武德八年、六二五）遣使往唐求學佛老，唐帝（原註：謂高祖也）許之。及寶藏卽位（按在貞觀十六年、六四二），亦欲併興三敎。時寵相蓋蘇文說王以儒釋並熾，而黃冠未盛，特使于唐求道敎②。

此條所言者雖爲道教事，而實反映佛教在高麗已有穩固地位，不待政令推廣也。故自唐初以來，朝鮮半島諸國卽不斷有僧侶來華。佛祖統紀卷三九云：

〔貞觀八年〕（六三四）萊州奏高麗三國僧願入中國學佛法，欲覘虛實耳。魏徵曰：「陛下所爲善，足爲夷法；所爲不善，雖距夷狄，何益於國？」詔許之。

又續高僧傳卷二四釋慈藏傳云：

釋慈藏，姓金氏，新羅國人。……乃啓本王，西觀大化。以貞觀十二年，將領門人僧實等十有餘人，東辭至京。蒙勅撫慰，勝光別院厚禮殊供。

此初唐高麗等國僧侶來華求法之盛況。其後此等僧侶學成歸國，多受尊禮，而法教推行，更形彰盛，新羅僧侶遊學中華，蔚成風習，玆略擧數事以證。入唐求法巡禮行紀卷三云：

會昌三年（八四三）……正月……廿七日，軍容有帖，喚當街諸寺外國僧，廿八日早朝入軍裡。青龍寺南天竺三藏寶月等五人，興善寺北天竺三藏難陀一人，慈恩寺師子國僧一人，資聖寺日本國僧三人，諸寺新羅僧等，更有龜玆國僧，不得其名也，都計廿一人，同集神策軍軍容院。

此條記會昌三年長安左街諸寺外籍僧駐錫情形，其中最值得注意者，卽各寺多住某一國僧侶，唯新羅僧獨以「諸寺」爲言，蓋各寺均有新羅僧駐錫，則其人數較他國僧侶爲衆多可知。全唐文卷六七五白居易「遊大林寺序」云：

登香爐峯，宿大林寺。大林窮遠，人跡罕到。……其僧皆爲海東人。

由此可見不但長安等大都市之佛寺有新羅僧侶踪跡，僻遠若大林寺者亦有其人聚居。至於各地以「新羅」爲名之寺院，必有新羅僧侶聚居，更無待贅言矣③。

新羅僧侶既多見於中國，其相聚而居之處，多保有濃厚之新羅色彩。日僧圓仁於開成四年（八三九）十一月在登州文登縣青寧鄉赤山村赤山寺曾目睹新羅人講道誦經情形，記載於入唐求法巡禮行紀卷二：

十六日，山院起首講法華經。……其講經禮懺，皆據新羅風俗，但黃昏、寅朝二時禮懺，且依唐風，自餘並依新羅語音。其集會道俗老少尊卑，總是新羅人。

此一情形，或因其人未諳唐語，性格保守；然該地新羅僧侶衆多，相互影響，無法入境隨俗，蓋亦有以致之。又太平廣記卷二五四左右御史臺條及卷二四九盧廙條分別引御史臺記云：

左臺呼右臺爲高麗僧，言隨漢僧赴齋，不呪願漢唄，但飲食受䞋而已。譏其掌外臺，在京輦無所彈劾，而俸祿同也。

唐殿中內供奉盧廙持法細密，雖親故貴勢，無所迴避。擧止閑雅，必翔而後集。嘗於景龍觀監官行香，右臺諸御史亦與焉。臺中先號右臺爲高麗僧。時有一胡僧徒倚於前庭，右臺侍御史黃守禮指之曰：「何胡僧而至此？」廙徐謂之曰：「亦有高麗僧，何獨怪胡僧爲！」一時歡笑。

按左臺以高麗僧比喻右臺，且隨時以爲笑謔之資，必因唐人已習見三韓僧侶，至一擧其名，卽了然寓意所在也。

復次，唐人說部中亦常有以新羅僧侶爲題材者。如宣室志卷七云：

唐貞觀中，有玉潤山悟眞寺僧，夜於藍溪，忽聞有讀法華經者，其聲纖遠。……窮表下，得一顱骨，在積壤中，其骨槁然，獨脣吻與舌鮮而且潤。遂持歸寺。乃以石函置於千佛殿西軒下。自是每夕常有讀法華經聲，在石函內。長安有士女觀者千數。後新羅僧客於寺僅歲餘，一日寺僧盡下山，獨新羅僧，遂竊石函而去。寺僧跡其所往，已歸海東矣。時開元末也。

此條所記怪力亂神之事，不足取信；是否確有竊石函之新羅僧亦不必深究，可注意者，卽故事中之竊石函者必安排一新羅僧，莫非由於來自海外之僧侶，獨以新羅爲衆乎！又太平廣記卷七七胡蘆生條引原化記云：

宰相李藩，嘗漂寓東洛。妻卽庶子崔謙女。年近三十，未有名宦。後數年張建封鎭徐州，奏李爲巡官校書郞。會有新羅僧能相人，……李巡官……至，僧降堦迎，謂張公曰：「判官是紗籠中人，僕射不及。」……李公竟爲相。

此條不但可證兩京以外亦有新羅僧遊踪，且可約略窺見其人與中華文士、官吏之交往情形。

至於詩人與新羅僧之文字交往，全唐詩收有關詩作凡十六篇，作者十三人，茲分述於後。

㈠孫逖與新羅法師　孫逖，潞州涉縣人，幼而英俊，文思敏速。開元（七一三－七四一）初應哲人奇士擧，授山陰尉，遷秘書正字。十年（七二二）應制，登文藻宏麗科，拜左拾遺。李暠出鎭太原，辟爲從事。二十一年（七三三）入爲考功員外郎集賢修撰。二十四年（七三六）拜中書舍人，典制誥。天寶三載（七四四）權判刑部侍郎，轉太子詹事。上元（七五八－七五九）中卒，諡曰文。逖文理精練，掌誥八年，制勅所出，爲時流歎服④。有「送新羅法師還國」⑤詩云：

異域今無外，高僧代所稀。苦心歸寂滅，宴坐得精微。持鉢何年至，傳燈是日歸。上卿揮別藻，中禁下禪衣。海濶杯還渡，雲遙錫更飛。此行迷處所，何以慰虔祈。

由詩中「上卿揮別藻，中禁下禪衣」一聯推測，此一新羅法師必屬高僧之類，否則不可能有此隆重禮遇。載籍中新羅僧獲此殊榮者不過寥寥一二人，如貞觀十七年（六四三）慈藏東渡前，爲引入宮，「賜納〔衲〕一領，雜綵五百段」⑥，卽其先例。惟逖所送法師法號無可考，蓋玄宗時逖任職中樞時歸新羅者也。

㈡張籍與海東僧　張籍生平已見前文。其「贈海東僧」⑦云：

別家行萬里，自說過扶餘。學得中州語，能爲外國書。與醫收海藻，持咒取龍魚。更問同來伴，天台幾處居？

此詩所詠之海東僧，可謂多才多藝，與衆不同。就詩句所及，已有下列數項：

(1)學得中州語——嫻於華語。

(2)能爲外國書——外國當指中國及新羅以外地區，蓋指梵言也。

(3)與醫收海藻——通藥學。中醫所用藥材不少產自新羅，新羅每有進貢，人蔘、牛黃爲必不可少之藥物。本草綱目引唐末李珣海藥本草、陳藏器本草拾遺記產自新羅之藥材，如卷十二人蔘條云：「珣曰：新羅國所貢者有手足，狀如人形，長尺餘，以杉木夾定，紅絲纏飾之。」卷十七白附子條云：「珣曰：徐表南州異物記云：生東海新羅國及遼東，苗與附子相似。」卷十九昆布條云：「珣曰：其草順流而生，出新羅者，葉細，黃黑色。」卷三一海松子條云：「珣曰：新羅松子甘美大溫，去皮食之甚香。」卷四六擔羅條云：「藏器曰：蛤類也，生新羅國，彼人食之。」詩中海藻蓋泛指上述各種舶來草葯，如李珣「海藥」之例也。

(4)持咒取龍魚——能持咒施術。

(5)更問同來伴，天台幾處居——有其他新羅僧結伴同行，嘗遊中國各地，禮拜天台。外僧而修行如此，毋怪張籍引為文字交。

㈢姚合、顧非熊與紫閣無名頭陀　姚合，陝州陝石人，宰相姚崇曾孫，生於代宗大曆十年（七七五），卒於宣宗大中九年（八五五）。合登元和十一年（八一六）進士第，授武功主簿，調富平、萬年尉。寶曆（八二五、八二六）中除監察御史，遷戶部員外郎。出為荊、杭二州刺史，後為給事中、陝虢觀察使，終秘書監。合多歷下邑，官況蕭條，然與馬戴、殷堯藩、張籍等遊，詩名重於時，人稱姚武功⑧。有「寄紫閣無名頭陀自新羅來」⑨詩云：

峭行得如如，誰分聖與愚。不眠知夢妄，無號免人呼。山海禪皆遍，華夷佛豈殊。何因接師話，清淨在斯須。

按紫閣，山名，在今陝西省鄠縣東南，附近尚有白閣，黃閣二峯⑩，皆隱者所常居處。全唐詩卷四九七姚合另有「寄紫閣隱者」、「寄白閣默然」等詩，前者有「自聞樵客說，無計得相尋」、「願得為鄰里，誰能說此心」句；後者有「白閣峯頭雪、城中望亦寒」句，似皆合任武功主簿時作。若然，則此詩蓋亦同時作品。

顧非熊生平已見前文，有「寄紫閣無名新羅頭陀僧」詩，見全唐詩卷五〇九，詩云：

椶牀已自檠，野宿更何營。大海誰同過，空山虎共行。身心相外盡，鬢髮定中生。紫閣人來禮，無名便是名。

按顧非熊與姚合同時且友善⑪，二人詩所投寄之新羅無名頭陀，當爲同一人。元和、長慶間（八〇六—八二四）新羅僧慧昭曾居紫閣三年，可能與此無名頭陀同時在山修行。鄠縣多新羅客，其東南六十里有「新羅王子臺」⑫，卽在紫閣附近。此頭陀僧不知是否與該臺有連帶關係也。

㈣姚鵠與新羅僧　姚鵠，字居雲，蜀人，登會昌二年（八四三）進士第。多出入當時豪士公卿之席幕，然吏才文價俱不甚超⑬。存詩一卷，編爲全唐詩卷五五三，中有「送僧歸新羅」詩云：

淼淼萬餘里，扁舟發落暉。滄溟何歲別，白首此時歸。寒暑途中變，人煙嶺外稀。驚天巨鰲鬥，蔽日大鵬飛。雪入行砂屨，雲生坐石衣。漢風深習得，休恨本心違。

此僧法號行迹無可考，詩稱「漢風深習得」，則必留唐日久。

㈤皮日休、陸龜蒙與弘惠　皮日休及陸龜蒙生平已見前文⑭。二人爲唱和之友，與新羅僧弘惠均有文字交。全唐詩卷六一四皮日休「庚寅歲十一月新羅弘惠上人與本國同書請日休爲靈鷲山周禪師碑將還以詩送之」云：

三十麻衣弄渚禽，豈知名字徹雞林。勒銘雖卽多遺草，越海還能抵萬金。鯨鬣曉掀峯正燒，鼇睛夜沒島還陰。二千餘字終天別，東望辰韓淚灑襟。

同書卷六二六陸龜蒙「和襲美爲新羅弘惠上人撰靈鷲山周禪師碑送詩歸」云：

一函迢遞過東瀛，祇爲先生處乞銘。已得雄詞封靜檢，却懷孤影在禪庭。春過異國人應寫，夜讀滄州怪亦聽。遙想勒成新塔下，盡望空碧禮文星。

按庚寅歲卽咸通十一年（八七〇），爲皮、陸結成好友之次年⑮。新羅弘惠上人事蹟無可考，靈鷲山周禪師碑於全唐文亦未檢得。惟據皮詩，碑文約二千餘字。日休咸通七年登第，而詩稱「三十麻衣弄渚禽，豈知名字徹雞林」，係自述三十以後方登第，而登第前已大有文名，且達於新羅，頗有自得之意。而龜蒙和詩「遙想勒成新塔下，盡望空碧禮文星」語，蓋亦與有榮焉之意。全唐詩卷六二六陸龜蒙「和襲美寒日書齋卽事三首」之三「名價皆酬百萬餘，尙憐方丈講玄虛。西都賓問曾成賦，東海人求近著書」句下自注云：「襲美嘗作弔江都賦。又新羅僧請爲大師碑文。」皮、陸二人之重視與弘惠此段文字因緣，從可見矣。

㈥張喬與雅覺及二不知名新羅僧　張喬生平已見前文。其「送僧雅覺歸東海」⑯詩云：

山川心地內，一念卽千重。老別關中寺，禪歸海外峯。鳥行來有路，帆影去無蹤。幾夜波濤息，先聞本國鐘。

雅覺一名，未見於僧籍，喬既稱其「老別關中寺」，蓋亦來華有年矣。喬又有「送新羅僧」

⑰詩云：

東來此學禪，多病念佛緣。把錫離巖寺，收經上海船。落帆敲石火，宿鳥汲瓶泉。永向扶桑老，知無再少年。

此新羅僧名號行跡無可考，詩云「收經上海船」，則其人歸國時當攜佛經而行。按新羅僧侶來華學法，除研議經義以外，亦收集經典。續高僧傳卷二四慈藏傳記慈藏在貞觀十七年（六四三）返新羅時，「以本朝經像彫落未全，遂得藏經一部，幷像幡花蓋具堪爲福利者，齎還本國。」此一例也。如高宗、武后時之勝詮，又其顯例。三國遺事卷四勝詮髑髏條云：

釋勝詮，未詳其所自也。常附船指中國，詣賢首國師講下，領受玄言。……始賢首與義湘同學，……因詮法師還鄉寄示，湘仍寄書，別幅云：「探玄記二十卷（兩卷未成）、敎分記三卷、玄義章等雜義一卷、華嚴梵語一卷、起信疏兩卷、十二門疏一卷、法界無差別論疏一卷，並因勝詮法師抄寫返鄉。……。」

此條所記勝詮攜帶之佛典，雖爲賢首所託，然相信勝詮自身亦別有收藏；且齎經東渡，必已成西來求法者之最後任務。而釋氏書籍亦因此大量外流。佛祖統紀卷十云：

初吳越王因覽永嘉集同除四住之語，以問韶國師。韶曰：「此是敎義，可問天台義寂。」即召問之。對曰：「此智者妙玄妙位中文，唐末敎籍流散海外，今不復存。」於是吳越王遣使致書，以五十種寶往高麗求之。其國令諦觀來奉教程。吳越王即錢俶，此條所記係宋太祖建隆一、二年（九六〇、九六一）事⑱。「唐末教籍流散海外」云云，可由張喬詩獲得確證。

張喬與新羅僧侶之文字交，尚見全唐詩卷六三九「贈頭陀僧」詩：

自說年深別石橋，遍遊靈跡熟南朝。已知世路皆虛幻，不覺空門是寂寥。滄海附船浮浪久，碧山尋路上雲遙。如今竹院藏衰老，一點寒燈弟子燒。

此詩標題及內容均未提及此僧本籍，嚴耕望先生以為其人當自海外來，唐中葉以後，海東人多先至吳越，而張喬又多友海東人，則此蓋亦海東僧⑲。今附於此。

㈦楊夔與新羅僧　楊夔，唐末為田頵客。全唐詩卷七六三收其詩十二首，其中之「送日東僧遊天台」云：

一瓶離日外，行指赤城中。去自重雲下，來從積水東。攀蘿躋石徑，挂席憩松風。迴首雞林道，唯應夢想通。

按此詩標題雖作「日東僧」，然詩中既有「迴首雞林道」語，則受詩者似應為新羅人⑳。譯史引此詩，「日東」作「新羅」。天台山為佛教聖地之一，隋唐時代高麗、新羅僧多有來此禮拜者，如隋時高麗波若禪師，唐時法鏡大師元暉均是㉑。

(八)法照與無著禪師　法照，大曆、貞元間僧。與新羅僧無著禪師遊，無著歸，照有詩送之云㉒：

萬里歸鄉路，隨緣不算程。尋山百衲弊，過海一杯輕。夜宿依雲色，晨齋就水聲。何年持貝葉，却到漢家城。

無著在唐行跡無可確考，詩云「尋山百衲弊」，似曾遊歷名山。神僧傳卷八有無著文喜禪師傳，載無著嘗「入五臺山求見文殊，忽見山翁，著揖曰：願見文殊大士。翁曰：大士未可見；汝飯未？著曰：未。翁引入一寺，引著升堂命坐，童子進玳瑁杯，貯物如酥酪。著飲之，覺心神清朗。……遂談論及暮。翁命童子引著出，行未遠，悽然悟翁即文殊也。不可再見。」不知彼無著與此詩無著是否一人㉓。

(九)貫休與新羅僧二人　貫休生平已見前文。其與新羅僧文字交，分見二詩。全唐詩卷八三二「送新羅僧歸本國」云：

忘身求至教，求得却東歸。離岸乘空去，終年無所依。月衝陰火出，帆掇大鵬飛。想得還鄉後，多應著紫衣。

此新羅僧與貫休論交於何時無可考，蓋唐末泛舟東歸者。按紫衣本唐五品以上官服，紫色非佛制，僧人服紫，自則天朝賜僧法朗紫袈裟始㉔。詩云「想得還鄉後，多應著紫衣」，可見新羅僧侶西遊歸國後所受之重視。

全唐詩卷八三六又有貫休「送新羅衲僧」云

扶桑枝西眞氣奇，古人呼爲師子兒。六環金錫輕擺撼，萬仞雪嶠空參差。枕上已無鄉國夢，囊中犹挈石頭碑。多慚不便隨高步，正是風清無事時。

「石頭碑」句下原注云：「南岳石頭大師，劉珂郎中作碑文也。」按石頭大師卽希遷禪師之號，劉珂當爲劉軻。宋高僧傳卷九唐南嶽石頭山希遷傳云：

釋希遷，……天寶初始造衡山南寺，寺之東有石狀如臺，乃結庵其上，抒載絕岳，衆仰之，號曰石頭和尙焉。……貞元六年（七九〇）庚午十二月二十五日順化。……門人慧朗、振朗、波利、道悟、道銑、智舟相與建塔于東嶺。塔成三十載，國子博士劉軻素明玄理，欽尙祖風，與道銑相遇，盛述先師之道，軻追仰前烈，爲碑紀德。

希遷爲玄、肅、代、德四代禪宗名僧，此新羅衲僧旣身懷其紀德碑文㉕，蓋亦習禪宗，且嘗登南嶽者也。貫休於昭宗乾寧（八九四—八九七）年間曾登南嶽，謁荆帥成汭，於龍興寺安置，至乾寧末入蜀㉖。詩云「多慚不便隨高步」，則休與此新羅衲僧交，其在此時乎？

㈩齊己與高麗二僧　齊己生平已見本書第二章第二節。其與新羅僧交，見全唐詩卷八四七「送高麗二僧南遊」，詩云：

日邊鄉井別年深，中國靈蹤欲徧尋。何處碧山逢長老，分明認取祖師心。

按新羅自進入下代，執政者生活日趨侈靡，傳至眞聖女王（卽位於唐僖宗光啓三年、八八七）、政治混濁，賄賂公行，賞罰不明，任免失公，變亂漸生。逮孝恭王立，有弓裔者出，據有松岳郡（今之開城），於孝恭王五年（唐昭宗天復元年、九〇一）稱王，國號後高麗。弓裔暴虐，立國十八年，至新羅景明王二年（後梁末帝貞明四年、九一八），爲王建推翻，立國，號爲高麗㉗。然則齊己所交高麗二僧名號雖無可考，然其作此詩，當在貞明四年以後也。

【附註】

①三國史記卷四新羅眞興王十年（梁武帝太清三年、五四九），梁遣使與入學僧覺德送佛舍利，王使王官奉迎興輪寺前路。此新羅梁時來華學法僧。又續高僧傳卷十三有圓光傳，光爲入隋求法僧。

②武德八年高麗遣人來學佛道法一事，並見載於册府元龜卷九九九。

③畢沅關中勝跡圖志卷廿六興安州古蹟祠宇條云：「新羅寺，在興安州西安里。一統志：唐懷讓禪師庵。」原註云：「沅謹按：寺有宋嘉定時所鑄鐘，有銘題。」此寺必係因新羅僧聚居而得名。

④參考舊唐書卷一九〇中，新唐書二〇二孫逖傳。

⑤全唐詩卷一一八。

⑥續高僧傳卷二四釋慈藏傳。

⑦全唐詩卷三八四。

⑧參考新唐書卷一二四姚合傳，唐詩紀事卷四九、唐才子傳卷六姚合傳。

⑨全唐詩卷四九七。

⑩見讀史方輿紀要，陝西西安府鄠縣、雞頭山條。

⑪全唐詩卷四九六有姚合「送顧非熊下第歸越」詩，是非熊登第前已與合友善；同書卷五〇九有非熊「送杭州姚員外」，蓋即非熊在合以戶部員外郎出刺杭州時所作

⑫慧昭事見唐文拾遺卷四四崔致遠「新羅國故知異山雙谿寺敎謚眞鑒禪師碑銘」；新羅王子臺，見宋敏求長安志卷十五。

⑬參考唐詩紀事卷八三二、唐才子傳卷七姚鵠傳、全唐詩卷五五三附鵠小傳。

⑭見本書第二章第二節。

⑮皮、陸結交於咸通十年（八九六），一年後二人完成「毗陵唱和集」。

⑯全唐詩卷六三八。詩題原註：一作海東。

⑰同⑯

⑱見佛祖統記卷二三。

⑲見嚴氏新羅留唐學生與僧徒一文。

⑳龍朔元年（六六一），唐高宗以新羅爲雞林州大都督府，援其王法敏爲都督。事見新唐書卷二二〇東夷傳新羅條。

㉑波若見三國遺事卷五惠現求靜條、續高僧傳卷十八。元暉見唐文拾遺卷六七崔彥撝「晉高麗中原府故開天山淨土寺敎謚法鏡大師慈鐙之塔碑銘」。

㉒全唐詩卷八一〇法照「送無著禪師歸新羅」。

㉓廣清涼傳卷中亦有無著傳，所載較詳，稱無著姓董氏，係温州永嘉人。

㉔見新唐書卷二四車服志及僧史略。

㉕全唐文卷七四二收劉軻文一卷、無石頭大師紀德碑文。

㉖見宋高僧傳卷三十貫休傳。

㉗參考韓國史大觀第二編第十四章。

結　論

唐代詩人與留華外國人文字交往之個別情形，前文諸章已有所闡述。由留華外國人受我國詩人之禮遇及關懷，足可窺見我中華民族人民心胸之開曠，文化包融性及感動力之偉大。茲更就前文所引唐代詩人投贈外國人之詩篇九十首作一全面考察，以歸納所得，作爲本論文之總結。

爲行文方便，先將該九十首詩分主題人物國籍、主題人物身分、詩題、作者、出處等項目，依引用先後排比，編列號碼，列爲第一表，以備查考。

第一表

編號	主題人物國籍	主題人物身份	詩題	作者	出處	備註
1	西域	文士	答湖州迦葉司馬問白是何人	李白	全唐詩卷一七八	
2	西域	文士	送康洽入京進樂府歌	李頎	全唐詩卷一三三	
3	西域	文士	贈康老人洽	戴叔倫	全唐詩卷二七四	

4	西域	文士	贈康洽	李端	全唐詩卷二八四	
5	西域	藝人	與歌者米嘉榮	劉禹錫	全唐詩卷三六五	
6	西域	藝人	贈曹剛	劉禹錫	全唐詩卷三六五	
7	西域	藝人	贈酒店胡姬	賀朝	全唐詩卷一一七	
8	西域	藝人	桂州筵上贈胡子女	陸巖夢	雲溪友議卷中	
9	西域	僧侶	錫杖歌送明楚上人歸佛川	皇甫曾	全唐詩卷二一〇	
10	西域	僧侶	贈海明上人（一作贈朗公）	耿湋	全唐詩卷二六八	
11	西域	僧侶	贈譯經僧	韓愈	全唐詩卷二六八	
12	西域	僧侶	送義舟師却還黔南	劉禹錫	全唐詩卷三五九	
13	西域	僧侶	贈眼醫婆羅門僧	劉禹錫	全唐詩卷三五七	
14	西域	僧侶	送婆羅門歸本國	劉言史	全唐詩卷四六八	
15	西域	僧侶	贈金剛三藏	趙嘏	全唐詩卷五四九	一作許渾詩
16	西域	僧侶	送婆羅門	清江	全唐詩卷八一二	一作可止詩

17	西域僧侶	贈胡僧	周賀	全唐詩卷五〇三	
18	西域僧侶	送僧歸天竺	崔塗	全唐詩卷六七九	
19	西域僧侶	送三藏歸西天國	李洞	全唐詩卷七二三	
20	南蠻使節	送海南客歸舊島	張籍	全唐詩卷三八四	
21	南蠻使節	送蠻客	張籍	全唐詩卷三八四	
22	日本使節	送日本使	李隆基	全唐詩逸卷中	
23	日本使節	洛中貽朝校書衡	儲光義	全唐詩卷一三八	
24	日本使節	送晁補闕歸日本	趙驊	全唐詩卷一二九	
25	日本使節	送秘書晁監還日本	王維	全唐詩卷一二七	
26	日本使節	送日本聘賀使晁巨卿東歸	包佶	全唐詩卷二〇五	
27	日本使節	哭晁卿衡	李白	全唐詩卷一八四	
28	日本使節	同崔載華贈日本聘使	劉長卿	全唐詩卷一五〇	
29	日本使節	送日本使還	徐凝	全唐詩卷四七四	

30	日本	使節	送金吾侍御奉使日東	許棠	全唐詩卷六〇四	
31	日本	文士	送褚山人歸日本	賈島	全唐詩卷五七三	
32	日本	文士	送朴山人歸日本	無可	全唐詩卷八一三	
33	日本	僧侶	送僧歸日本	錢起	全唐詩卷二三七	
34	日本	僧侶	贈日本僧智藏	劉禹錫	全唐詩卷三五九	
35	日本	僧侶	送最澄上人還日本國詩序	吳顗	唐文續拾遺卷五	
36	日本	僧侶	贈日本僧空海離合詩	馬總	全唐詩逸卷中	
37	日本	僧侶	贈釋空海歌	胡伯崇	全唐詩逸卷中	
38	日本	僧侶	送日本國三藏空海上人朝宗我唐兼貢方物而歸海東詩序	朱千乘	唐文續拾卷五	
39	日本	僧侶	送圓仁三藏歸本國	栖白	全唐詩卷八二三	
40	日本	僧侶	送圓載上人歸日本國	皮日休	全唐詩卷六一四	
41	日本	僧侶	重送圓載上人歸日本國	皮日休	全唐詩卷六一四	
42	日本	僧侶	和襲美重送圓載上人歸日本國	陸龜蒙	全唐詩卷六二六	

43	日本	僧侶	聞圓載上人挾儒書洎釋典歸日本國更作一絕以送	陸龜蒙	全唐詩卷六二九	
44	日本	僧侶	送圓載上人	顏萱	全唐詩卷六三一	
45	日本	僧侶	贈日東鑒禪師	司空圖	全唐詩卷六三三	
46	日本	僧侶	送日本國僧敬龍歸	韋莊	全唐詩卷六九五	
47	日本	僧侶	送僧歸日本	方干	全唐詩卷六五二	
48	日本	僧侶	送僧歸日本	吳融	全唐詩卷六八四	
49	日本	僧侶	送僧歸日本	貫休	全唐詩卷八三一	
50	日本	僧侶	送僧歸日本	齊己	全唐詩卷八四七	
51	新羅	使節	送金卿歸新羅	陶翰	全唐詩卷一四六	
52	新羅	使節	送新羅使	張籍	全唐詩卷三八四	
53	新羅	使節	送金少卿副使歸新羅	張籍	全唐詩卷三八五	
54	新羅	使節	過海聯句	賈島	全唐詩卷七九一	
55	新羅	藝人	送棋待詔朴球歸新羅	張喬	全唐詩卷六三八	

56	新羅	文士	送金文學還日本	沈頌	全唐詩卷二〇二	
57	新羅	文士	海上詩送薛文學歸海東	劉昚虛	全唐詩卷二五六	
58	新羅	文士	送金可紀歸新羅	章孝標	全唐詩卷五〇六	
59	新羅	文士	送樸處士歸新羅	顧非熊	全唐詩卷五〇九	
60	新羅	文士	送朴山人歸新羅	馬戴	全唐詩卷五五六	一作尙顏詩
61	新羅	文士	送友人罷舉歸東海	許渾	全唐詩卷五三一	
62	新羅	文士	送賓貢金夷吾奉使歸本國	張喬	全唐詩卷六三八	
63	新羅	文士	送朴充侍御歸海東	張喬	全唐詩卷六三八	
64	新羅	文士	送人及第歸海東	張喬	全唐詩卷六三九	
65	新羅	文士	送新羅人及第歸	貫休	全唐詩卷八三六	
66	新羅	文士	送賓貢登第後歸海東	杜荀鶴	全唐詩卷六九一	
67	新羅	文士	送友人及第歸	張蠙	全唐詩卷七〇二	
68	新羅	文士	贈賓貢	裴說	全唐詩卷七二〇	

69	新羅	文士	儒仙歌送崔致遠歸新羅	顧雲	三國史記卷四六	
70	新羅	文士	送人歸新羅	貫休	全唐詩卷八二九	
71	新羅	文士	送新羅人歸本國	劉得仁	全唐詩卷五四四	
72	新羅	文士	送人歸日東	林寬	唐唐詩卷六〇六	
73	新羅	文士	送客歸新羅	項斯	全唐詩卷五五四	一作許彬詩
74	渤海	使節	送渤海王子歸本國	溫庭筠	全唐詩卷五八三	
75	渤海	文士	渤海賓貢高元固先輩閩中相訪云本國人寫得夤斬蛇劍御溝水人生幾何賦家皆以金書列爲屛障因而有贈	徐夤	全唐詩卷七〇九	
76	新羅	僧侶	送新羅法師還國	孫逖	全唐詩卷一一八	
77	新羅	僧侶	贈海東僧	張籍	全唐詩卷三八四	
78	新羅	僧侶	寄紫閣無名頭陀	姚合	全唐詩卷四九七	
79	新羅	僧侶	寄紫閣無名新羅頭陁僧	顧非熊	全唐詩卷五〇九	
80	新羅	僧侶	送僧歸新羅	姚鵠	全唐詩卷五五三	

81	新羅	僧侶	庚寅歲十一月新羅弘惠上人與本國同書請日休爲靈鷲山周禪師碑將還以詩送之	皮日休	全唐詩卷六一四	
82	新羅	僧侶	和襲美爲新羅弘惠上人撰靈鷲山周禪師碑送歸詩	陸龜蒙	全唐詩卷六二六	
83	新羅	僧侶	送僧雅覺歸東海	張喬	全唐詩卷六三八	
84	新羅	僧侶	送新羅僧	張喬	全唐詩卷六三八	
85	新羅	僧侶	贈頭陀僧	張喬	全唐詩卷六三九	
86	新羅	僧侶	送日東僧遊天台	楊夔	全唐詩卷七六三	
87	新羅	僧侶	送無著禪師歸新羅	法照	全唐詩卷八一〇	
88	新羅	僧侶	送新羅僧歸本國	貫休	全唐詩卷八三二	
89	新羅	僧侶	送新羅衲僧	貫休	全唐詩卷八三六	
90	高麗	僧侶	送高麗貳僧南遊	齊己	全唐詩卷八四七	

右表顯示：九十首投贈外國詩人中，其受贈人國籍屬於西域、南海者凡廿一首（編號一

至廿一），屬於日本者凡廿九首（編號廿二至五十），屬於新羅、高麗、渤海者凡四十首（編號五十一至九十）。此一比例，與吾人熟知各地區受中華文化影響深淺之程度相符，即朝鮮半島及其附近諸國華化最深，日本次之，西域各國又次之。

至於唐代詩人與各地區不同身分人物交往情形之差異，又可由歸納自第一表之第二表得見：

第二表：

受贈人身份／詩篇數／受贈人國籍	使節	文士	藝人	僧侶	合計
西域	0	4首（2人）	4首（4人）	11首（11人）	19首（17人）
南蠻	2首（2人）	0	0	0	2首（2人）
日本	9首（5人）	2首（2人）	0	18首（12人）	29首（19人）
新羅	4首（4人）	18首（18人）	1首（1人）	15首（13人）	38首（36人）
渤海	1首（1人）	0	0	1首（2人）	2首（3人）
合計	16首（12人）	24首（22人）	5首（5人）	45首（38人）	90首（77人）

說明：括弧中數字表示受贈人人數

第二表顯示四項重要之事實：第一，與唐代詩人結文字交外國人之人數，依身分之不同，按藝人、使節、文士、僧侶之順序而遞增。由此略可推知，留華外國人欲得唐代詩人青睞而與結文字交，必須具備兩項基本條件，一爲具備中國語言、文字、文化之基礎，一爲與騷人雅士來往接觸之機會。同時具備此兩項條件者，較有可能與詩人唱酬來往，此所以東夷文士及留學僧徒常爲唐人垂青之故；若兩項要件祇備其一者，則其人能否成爲詩人文字交，又視其職業、居所與詩人關係密切之程度而定，此所以蕃將、胡姬鮮爲詩人選作贈詩對象之故；至於全不具備該兩項要件者，若商胡海賈，蕃兵胡奴之流，雖在留華外籍人口中佔絕大多數，亦難得詩人一盼也。玆更撮取有關資料，作一詳細說明。

就條件之一而言，唐既統一天下，勵精圖治，國力大張，「指麾八荒地，懷柔萬國夷」①，太宗之世，天下既大治，蠻夷君長襲衣冠帶刀宿衞②，各友邦亦紛遣生徒來華留學。唐會要卷三五學校條云：

貞觀五年（六三一）以後，太宗數幸國學，遂增築學舍一千二百間，國學、太學、四門，亦增生員，……已而高麗，百濟、新羅、高昌、吐蕃諸國酋長亦遣子弟請入國學。於是國學之內，八千餘人，國學之盛，近古未有③。

唐語林卷五云：

學舊六館：有國子館、太學館、四門館、書館、律館、算館、國子監都領之。……太學諸生三千員；新羅、日本諸國，皆遣子弟入朝受業。

此新羅、渤海學生入唐留學之大致情形。至於日本，自唐初即有所謂「遣唐使」之使節團，其組織成員至爲複雜，參有留學生甚衆，雖其人名氏可考者唯有二三十④，但以遣唐使二百五十至六百人之龐大組織推測，其總數必遠超乎此。而留學僧又較留學生人數爲多。此等學生與僧侶在唐留學期限，最長可達九年⑤。唐朝待之至爲優厚，供應「時服糧料」⑥。使節、酋長、留學生之徒，唐人稱爲「蕃客」者，舉凡國家大典、樂舞集會，朝廷均遣參與。如太宗時七德舞初成，遣蠻夷在庭者相率以舞⑦；新羅使金春秋來朝，太宗許其詣國學觀釋奠及講論春秋⑧；中宗景龍年間，遣日本國使竭孔子廟堂⑨；王卓「觀北蕃謁廟詩」⑩云：「肅肅層城裡，巍巍祖廟清，聖恩覃布濩，異域獻精誠。冠蓋分行列，戎夷變姓名。禮終齊百拜，心潔盡忠貞。」聲華文物，禮樂儀注，足以使人虔誠向化。故蕃客返國，多搜求經史書籍携回，並促其政府推行中華文化，進而實施唐制。如唐會要卷三十六蕃夷請經史條云：

垂拱二年（六八六）二月十四日，新羅王金政明遣使請禮記一部，并雜文章，令所司寫吉凶要禮，并文館詞林，採其詞涉規誡者，勒成五十卷，賜之。

又云：

開元二十六年（七三八）六月二十七日，渤海遣使求寫唐禮及三國志、晉書、三十六春秋，許之。

此外邦政府遣使求經史典籍之例。又唐初歐陽詢以書法名，高麗王甚愛重之，遣使來求，高祖聞之，讚歎不已⑪；蕭穎士文章學術俱冠詞林，新羅嘗遣使至，稱東夷士庶願請蕭夫子爲國師⑫，詩人姚發並有詩詠之⑬。可見鄰邦之傾慕有唐文化。至於取法唐制，新羅眞德王三年（唐太宗貞觀二三年、六四九）始服中朝衣冠，四年（唐高宗永徽元年、六五〇）始行永徽年號⑭。就學制言，新羅神文王二年（唐高宗永淳元年、六八二）立國學⑮，以周易、尙書、毛詩、禮記、春秋左氏傳，文選等爲教材；或以禮記、周易、論語、孝經爲一組，或以左傳、毛詩、論語、孝經爲一組，或以尙書、論語、孝經，文選爲一組教授學子。諸生讀書，以三品出身。通春秋左氏傳、禮記、文選，兼明論語、孝經者爲上；通曲禮、論語、孝經者爲中；讀曲禮、孝經者爲下。若能兼通五經三史諸子百家者，超擢用之⑯。

日本方面，西元七世紀中經孝德天皇大化革新，文化由草創而至典章漸備，元正天皇頒布養老律令，學制幾全襲唐制，大學課程必修孝經、論語，選修者大經爲禮記、左傳，中經爲毛詩、周禮、儀禮，小經爲周易、尙書⑰。

新羅、日本在此種制度下培植之士子，其學殖性識自與唐人鮮有差異，故其人有未蹈唐境，而詩作一若唐人者。如全唐詩卷七九七新羅金眞德詩云：

大唐開鴻業，巍巍皇猷昌。止戈戎衣定，修文繼百王。統天崇兩施，理物體含章。深仁諧日月，撫運邁時康。幡旗旣赫赫，鉦鼓何鍠鍠。外夷違命者，翦覆被大殃。和風凝宇宙，遐邇競呈祥。四時調玉燭，七曜巡萬方。維嶽降宰輔，維帝用忠良。三五咸一德，昭我皇家唐。

全唐詩卷七三二王巨仁憤怨詩云：

于公慟哭三年旱，鄒衍含愁五月霜。今我幽愁還似古，皇天無語但蒼蒼。

又日本長屋繡袈裟衣緣云：

山川異域，風月同天。寄諸佛子，共結來緣。

諸詩作者均未嘗踐履中華，而造語如此其類似唐人，蓋其所接受者爲唐式教育，久爲中華文化所薫陶故。至於遊學、持節入唐者，中國學問之根基視此數人爲深厚，通於詩學，更無待贅言矣。

來自西域及南海之僧侶，多以傳經翻譯爲職志，在華生活，尤專注於譯事。譯經多於譯場行之。唐時主要譯場均設於兩京寺廟，譯師往來其間，進行譯事⑱。其人寄跡譯場，久之自必「言通華梵，學綜有空」，或竟曉辨韻律，擅長吟詠，亦未可定。卽不然，譯場中旣華蕃雜處，各司其職，因而接交，事屬當然。如圓仁入唐求法巡禮行記卷二及卷三嘗大書特書之「日本國內供奉翻經大德靈仙」於元和五年（八一〇）參與之譯場，卽有孟簡等人在內。晚近日本人於江州石山寺發現「大乘本生心地觀經」古寫殘卷⑲，上有題記云：

大乘本生心地觀經卷第一。元和五年七月三日內出梵夾，其月廿七日奉詔於長安寺，至六年三月八日翻譯進止。罽賓國三藏賜紫沙門般若宣梵文，醴泉寺日本國沙門靈仙筆授並譯語。

而舊唐書卷一六三孟簡傳云：

〔元和〕六年，詔與給事中劉伯芻、工部侍郎歸登、右補闕蕭俛等，同就醴泉佛寺翻譯大乘本生心地觀經，簡最擅其理。

是翻譯一經，往往需時數月經年，外國僧侶與唐之文士相聚一堂，爲譯事折衝討論，學識感情，必互有增進也。

就條件之二而言，東夷諸國留學生及僧徒之身分及文化背景均較特殊，唐政府對之多甚優遇，前文已有所論列。抑唐律於化外人與國人往來交易，雖有限制㉑，然皆未嚴格執行，故彼輩不論於上庠遊學或伽藍求法，與唐之文士接觸機會至多。其時士庶多信仰佛教，好與緇流交往，且情感篤厚，而不論其國籍爲何，此可以日僧圓仁之遭際爲例。圓仁入唐求法，適逢武宗毀佛，會昌五年五月，圓仁被迫還俗，遞返本國，求法行記卷四記唐人送行之情形云：

自餘相送人不能具錄，並於春明門外拜別云：「留斯分矣。」楊卿使（致之）及李侍御（元祐）不肯歸去，相送到長樂坡頭，去城五里，一店裡一夜同宿語話。李侍御送路物，……惜別慇懃，乃云：「弟子多生有幸，得遇和上遠來求法，數年供養，心猶未足。一生不欲離和上邊。和上今遇王難，却歸本國去，弟子今生應難得再見，當來〔生〕必在諸佛淨土，還如今日，與和上作弟子。和上成佛時，請莫忘弟子。」云云。又云：「和上所著衲袈裟，請留與弟子將歸宅裡，終身燒香供養。」既有此言，便以送之。

李元祐對佛教崇拜之熱忱，及與圓仁交誼之深厚，洋溢於言辭之外，並不因圓仁係日本人而稍減。至於來自西域之僧侶，既多籍隸佛教發源地之五天竺，更受崇佛者之尊仰。詩人與之來往者，尤爲常見。白居易、李賀、韓愈均嘗與蕃僧遊，且有詩爲記。全唐詩卷三五八劉禹錫「樂天池館夏景方妍白蓮初開綵舟空泊唯邀緇侶因以戲之」云：

池館今正好，主人何寂然。白蓮方出水，碧樹未鳴蟬。靜室宵聞磬，齋厨晚絕煙。蕃僧如共載，應不是神仙。

劉禹錫與白樂天爲至交，此詩雖爲戲作，事當有所根據，「蕃僧如共載」之蕃僧，蓋卽樂天所邀「緇侶」中一人。樂天篤信佛教，所交蕃僧，應不止此。其「秋日懷杓直」㉑云：

晚來天色好，獨出江邊步。憶與李舍人，曲江相近住。常云遇清景，必約同幽趣。若不訪我來，還須覓君去。開眉笑相見，把手期何處。西寺老胡僧，南園亂松樹。攜持小酒榼，吟詠新詩句。同出復同歸，從朝直至暮。……

「西寺老胡僧」蓋卽白樂天與李杓直經常探訪之方外人物。全唐詩卷三九四李賀「聽穎師琴歌」云：

別浦雲歸桂花渚，蜀國弦中雙鳳語。芙蓉葉落秋鸞離，越王夜起遊天姥。暗珮清臣敲水玉，渡海蛾眉牽白鹿。誰看挾劍赴長橋，誰看浸髮題春竹。竺僧前立當吾門，梵宮眞相眉稜尊。古琴大軫長八尺，嶧陽老樹非桐孫。涼館聞弦驚病容，藥囊暫別龍鬚席。請歌直請卿相歌，奉禮官卑復何益。

「竺僧」云云，當卽琴歌之穎師。味詩末「請歌直請卿相歌，奉禮官卑何所益」語，似李賀與穎師之交往，非但一曲琴歌而已也。又韓愈有「聽穎師彈琴」㉒詩云：

昵昵兒女語，恩怨相爾汝。劃然變軒昂，勇士赴敵場。浮雲柳絮無根蒂，天地闊遠隨飛揚。喧啾百鳥群，忽見孤鳳皇。躋攀分寸不可上，失勢一落千丈強。嗟余有兩耳，未省聽絲篁。自聞穎師彈，起坐在一旁。推手遽止之，濕衣淚滂滂。穎乎爾誠能，無以冰炭置我腸。

此穎師與李賀所詠者，蓋爲同一人。按韓愈雖自比孟軻，闢佛老，主張人其人、火其書，然頗與緇流交往㉓。此詩但詠竺僧穎師之琴技，未及其他，而愈對穎師之崇仰，已躍然紙上。

上擧西域僧侶雖未必與唐人詩人有文字交往，然彼此接觸頻數，其人視使節、藝人之流有較多獲得詩人投贈詩篇之機會，則可斷言者也。

第二表所顯示之第二項事實，卽西域使節無一人得與唐人結文字交，而藝人反有四人，爲其他地區之冠。按唐時胡樂流行，胡姬充斥，本論文第一章已有論及；而新羅、日本人在唐從事此類事業者，則鮮有所聞。故唐人與西域藝人友善，自有其社會背景。李唐政府與西域諸國之交涉至爲頻繁，就册府元龜外臣部記載，開元年間（七一三～七四一），自五天竺來朝之使節有十五次，自昭武諸國來朝之使節有廿四次㉔。西域使節入貢情狀，唐人甚至圖繪成畫，如閻立本之「職貢圖」卽繪畫卷髮高鼻之貢使張蓋乘馬，前後僕役擁護，或扛鳥籠或負象牙、或持孔雀、或牽牛羊，及其他異域珍物，名稱不可盡識；周昉「蠻夷職貢圖」亦繪深目高鼻之朝貢者一人手牽奇獸而立㉕。近人發掘唐章懷太子墓，發現墓道兩壁各有客使

圖一幅，各繪唐官及客使三人。東壁圖客使之一圓臉、光頭、濃眉、高鼻、深目、濶嘴，身穿翻領紫袍，束帶，黑靴；西壁圖客使之一形體高大，長臉、高鼻深目、絡腮胡，頭戴胡帽，身穿大翻領灰色長袍，內着紅衣、穿袖、束帶、黑靴㉖。此兩人皆來自西域之使節。

西域使節來唐而見於載籍之頻數者如此，竟不見詩人有片言相贈，彼此文化隔閡之深，從可見矣。

第二表所顯示之第三項事實，爲日本使節與唐人結文字交者較其他地區爲衆；日本來唐僧侶之人數雖稍減於新羅，而獲得唐人投贈之詩篇則逾之。可見日本選派遣唐使及留學僧極爲審愼，深獲唐人重視也。

第二表所顯示之第四項事實，爲與唐人結文字交之新羅文士，居各區域之冠。此則由於新羅留學李唐之學子人數較其他地區爲衆，留學時間最長，且多參與唐朝科擧之故。

復就第一表九十首詩之內容作一考察，此九十首詩中，因送歸而作者五十九首（編號九、一四、一六、一八、一九、二〇、二一、二二、二四、二五、二六、二九、三〇、三一、三二、三三、三五、三八、三九、四十、四一、四二、四三、四六、四七、四八、四九、五〇、五一、五二、五三、五五、五六、五七、五八、五九、六〇、六一、六二、六三、六四、六五、六六、六七、六九、七〇、七一、七二、七三、七四、七六、八〇、八一、八二、八三、

八四、八七、八八、八九），近總數三分之二；投贈者二十五首（編號一、三、四、五、六、七、八、一〇、一一、一三、一五、一七、二三、二八、三四、三六、三七、四四、四五、四八、七五、七七、七八、七九、八五），居總數三分之一弱；送遠遊者四首（編號二、一二、八六、九〇）；聯句一首（編號五四），哀悼一首（編號二七）㉗。按唐人詩篇，頗多係因應實際生活需要而有作，元蕭士贇「分類補注李太白集」嘗就白詩內容，區分其詩作爲歌吟，贈、寄、留別、送、酬答、遊宴、登覽、行役、懷古、紀閑適、懷恩、感遇、寫懷、詠物、題詠、雜詠、閨情、哀傷等十九目。此十九目中，以前五目作品數量最多，恰與第一表九十首詩內容分配比例相符，可見此九十首詩確乎反映唐代詩人生活之部分實況。

抑尤有進者，卽唐人以詩篇贈與外國人，必因其人本身長於爲詩，否則亦於詩歌有所偏好；既有所贈，其人必珍之重之，携藏囊篋，以返祖國。日人淡海竺常全唐詩逸序云：

當時遣唐之使，留學之生，與彼其墨客韻士，肩相比，臂相抵，則其研唱嘉藻，記其所口，謄其所記，裝以歸者，蓋比比而已。

日本使節、留學生如是，新羅、西域來華者亦莫不然。其人既將唐詩携返祖國，不特於詩之傳播，爲大有功事，且中華文化，亦隨之而遠揚海外矣。

【附註】

①全唐詩卷一太宗皇帝「幸武功慶善宮」。
②新唐書卷二二二魏徵傳。
③並見新唐書選舉志、儒學傳序、劉禹錫傳、通典卷五三大學條、通鑑卷一九五唐紀。
④參考木宮泰彥中日交通史第八章，森克己遣唐使第六章。
⑤高明士：唐代的官學行政。
⑥謝海平「唐代留華外國人生活考述」第一三七頁。
⑦新唐書卷二一禮樂志。
⑧三國史記卷五。
⑨册府元龜卷九七四景龍五年條。
⑩全唐詩卷七八一。
⑪舊唐書卷一八九上儒學傳歐陽詢傳。
⑫太平廣記卷一六四蕭穎士條引翰林盛事，兩唐書蕭穎士傳。
⑬全唐詩卷二〇九姚發「送蕭穎士赴東府得草字」云：天生良史筆，浪跡擅文藻。中夏授參謀，東夷願聞道。行軒玩春日，餞席藉芳草。幸得師季良，欣留篋笥寶。
⑭三國史記卷五新羅紀。
⑮三國史記卷八新羅紀。
⑯三國史記卷三八職官志。
⑰參考「奈良平安時代新日本歷史」第七章、「中國文化之東漸與唐代政教對日本王朝時代的影響」第四章。
⑱見本論文第一章第二節。

⑲東洋學報三卷三號妻木直良「唐代の譯場に參し左了唯一の日本僧。」

⑳唐律疏義卷八云：諸越度緣邊關塞者，徒二年；共化外人私相交易，若取與者，一尺徒二年半，三疋加一等，十五疋加役流。私與禁兵器者絞，共爲婚姻者流二千里；未入未成者各減二等，即因使私有交易者準盜論。

㉑全唐詩卷四三〇。

㉒全唐詩卷三四〇。

㉓參考羅香林先生「大顚惟儼與韓愈李翱關係考」。

㉔五天竺者，東、南、西、北、中天竺國。昭武諸國來朝者有安國、米國、康國、石國、曹國、史國等。

㉕閻立本職貢圖及周昉蠻夷職貢圖均藏故宮博物院。前者石渠寶笈未著錄，今載故宮書畫錄卷四；後者故宮名畫三百種第一冊有複印本。

㉖見文物一九七二年第七號「唐章懷太子墓發掘簡報」一文及圖版二。章懷太子李賢，高宗第二子，生於高宗永徽五年（六五四），卒於武后文明元年（六八四）。

㉗衷悼之詩本不足作爲「文字交」之證據，惟此詩爲李白哭晁衡而作，其時晁衡實仍在人世，後當得讀此詩。事見本論文第二章第一節。

引用參考書目

國人著作

詩品	鍾嶸	世界書局排印本
高僧傳	釋惠皎	大正新編大藏經本
故唐律疏議	長孫無忌等	四庫叢刊三編本
千金翼方	孫思邈	日本文政十二年影元大德刊本
千金要方	孫思邈	日本文政十二年影元大德刊本
大唐西域記	玄奘	商務印書館出版
遊仙窟	張文成	唐人小說本

書名	作者	版本
朝野僉載	張　鷟	寶顏堂秘笈本
南海寄歸內法傳	釋義淨	大正新編大藏經本
大唐六典	唐玄宗	明正德蘇州刋本
古今譯經圖紀	釋靖邁	大正新編大藏經本
大唐開元禮	蕭　嵩	清初鈔本
續古今譯經圖紀	釋智昇	大正新編大藏經本
開元釋敎錄	釋智昇	大正新編大藏經本
玄宗朝翻經三藏善無畏贈鴻臚卿行狀	李　華	大正新編大藏經本
唐大和上東征傳	釋鑑眞	大正新編大藏經本
隋唐嘉話	劉　餗	陽山顧氏文房本
通典	杜　佑	藝文印書館影印本
劉隨州集	劉長卿	畿輔叢書本
唐朝名畫錄	朱景玄	王世貞畫苑本
貞元新定釋敎目錄	釋圓照	大正新編大藏經本
大唐貞元續開元釋敎錄	釋圓照	大正新編大藏經本

大唐故大德贈司空大辨正廣智不空三藏行狀　趙　遷　大正新編大藏經本
大唐新語　劉　肅　稗海本
元和姓纂　林　寶　嘉慶七年刋本
元和郡縣圖志　李吉甫　畿輔叢書本
紀聞　牛　肅　中央圖書館藏舊鈔本
酉陽雜俎二十卷續集六卷　段成式　學津討源本
雲溪友議　范　攄　稗海本
歷代名畫記　張彥遠　學津討源本
名畫獵精錄　張彥遠　碧琳琅館本
杜陽雜篇　蘇　鶚　學津討源本
桂怨筆耕集　崔致遠　海山仙館叢書本
唐大薦福寺翻經大德法藏和尚傳　崔致遠　大正新編大藏經本
樂府雜錄　段安節　守山閣叢書本
琵琶錄　段安節　十萬卷樓叢書本
唐摭言　王定保　學津討源本

劉賓客嘉話錄	韋　絢	陽山顧氏文房本
桂林風土記	莫休符	學海類編本
獨異志	李　冗	稗海本
唐書	劉　昫	開明書局二十五史本
續高僧傳	釋道宣	大正新編大藏經本
宣室志十卷補遺三卷	張　讀	稗海本
浣花集	韋　莊	上海涵芬樓影印明朱氏刋本
丹府元龜	王欽若	臺灣中華書局影印本
文苑英華	宋白等	福建巡撫塗澤民刋本
唐會要	王　溥	商務印書館國學基本叢書本
南部新書	錢　易	學津討源本
太平御覽	李昉等	新興書局影印本
太平廣記	李昉等	藝文印書館影印本
新唐書	歐陽修	開明書局二十五史本
長安志	宋敏求	經訓堂叢書本

唐大詔令集	宋敏求	文華書局影印本
資治通鑑	司馬光	世界書局排印本
通志	鄭　樵	新興書局影印本
輿地記勝	王　象	粵雅堂叢書本
郡齋讀書誌	晁公武	商務印書館四部叢刊本
廣清涼傳	釋延一	大正新編大藏經本
宋高僧傳	釋贊寧等	大正新編大藏經本
大宋僧史略	釋贊寧等	大正新編大藏經本
唐詩紀事	計有功	臺灣中華書局排印本
鶴林玉露	羅大經	稗海本
佛祖統紀	釋志磐	明萬曆甲寅游士任刊本
佛祖歷代通載	釋念常	商務印書館四庫全書珍本三集
唐才子傳	辛文房	佚存叢書本
文獻通考	馬端臨	新興書局影印本
本草綱目	李時珍	商務印書館萬有文庫本

萬姓統譜　凌廸知　明刊本
全唐詩　清聖祖敕撰　明倫出版社排印本
四庫全書總目提要　紀昀等　藝文印書館影印本
十國春秋　吳任臣　國光書局影印本
唐諸蕃君長世表　萬斯同　開明書局二十五史補編
新唐書宰相世系表訂譌　沈炳震　開明書局二十五史補編
金石萃編　王　昶　國聯圖書公司影印本
全唐文　清仁宗敕撰　滙文書局影印本
唐兩京城坊考　徐　松　連筠簃叢書本
登科記考　徐　松　南菁書院叢書本
讀史方輿紀要　顧祖禹　樂天書局影印本
唐文拾遺　陸心源　文海出版社影印本
唐文續拾遺　陸心源　文海出版社影印本
陶齋藏石記　端　方　藝文印書館石刻史料叢書本
繹史　馬　驌　廣文書局筆記叢編本

全唐文紀事　陳鴻墀　粵刻本
王觀堂先生全集　王國維　文華書局影印本
元和姓纂校勘記　羅振玉　雪堂叢刻本
佛學研究十八篇　梁啓超
李太白全集　王琦輯注　華正書局排印本
國本國志　黃遵憲　文海出版社影印本
湖州府志　周學濬等　成立出版社影印本
廣代長安與西域文明　向　達　燕京大學特刊第二號
中外交通小史　向　達　商務印書館萬有文庫一集
陳寅恪先生全集　陳寅恪　九思叢書
中國佛教史　蔣維喬　國史研究室編印
歷代求法翻經錄　馮承鈞　商務印書館人人文庫本
隋唐五代中日關係史　余又蓀　商務印書館印行
元和姓纂四校記　岑仲勉　中央研究院史語所專刊二十九
隋唐史　岑仲勉　文昌書局出版

唐史餘瀋　岑仲勉　中華書局出版
中外史地考證　岑仲勉　泰順書局出版
北朝胡姓考　姚薇元　華世出版社出版
唐史研究叢稿　嚴耕望　新亞研究所出版
唐僕尚丞郎表　嚴耕望　中央研究院特刋
敎坊記箋訂　任二北　宏業書局出版
敦煌曲初探　任二北　文藝聯合出版社
敦煌曲校錄　任二北　文藝聯合出版社
中西交通史　方豪　中華文化出版事業委員會出版
中西交通史料滙編　張星烺　正中書局出版
中西文化交通小史　劉伯驥　正中書局印行
隋唐與後三韓關係及日本遣隋使遣唐使運動　王儀　臺灣中華書局出版
唐宋元海上商業政策　孫葆　正中書局出版
兩漢迄五代入居中國之蕃人氏族研究　蘇慶彬　新亞研究所出版
唐代文化史　羅香林　商務印書館出版

唐代文化史研究　羅香林　商務印書館出版
阿拉伯古今史略　陳質平　國防研究院出版
唐宋詞人年譜　夏承燾　明倫出版社出版
李白與杜甫　郭鼎堂
中日文化論集　劉百閔等　中華文化出版事業委員會出版
故宮書畫錄　國立故宮中央博物院聯合管理處編輯　中華叢書委員會出版
故宮名畫三百種　國立故宮中央博物院聯合管理處編輯　中華叢書委員會出版
唐律通論　戴炎輝　國立編譯館出版
中日佛教關係研究　張曼濤主編　大乘文化出版社出版
中國佛教史論集　章嘉等　中華文化出版事業委員會出版
韓愈研究　羅聯添　學生書局出版
唐代詩人列傳　馮作民譯　星光出版社出版
中國文化之東漸與唐代政教對日本王朝時代的影響

唐人小說研究一、二集　陳水逢　嘉新文化基金研究論文第卅九種
韓國通史　王夢鷗　藝文印書館出版
中印文化關係史論叢　李迺陽　中華文化出版事業委員會出版
唐賈耽記邊卅入四夷道里考實　季羨林
劉禹錫年譜　吳承志　文海出版社出版
唐代留華外國人生活考述　張達人編訂　商務印書館出版
唐代之交通　謝海平　商務印書館出版
中國南洋交通史　陶希聖主編　食貨出版社出版
　馮承鈞編　商務印書館出版

外人著作

文殊師利菩薩及諸仙所說吉凶時日善惡宿曜經　不空譯　大正新編大藏經本

往五天竺國傳　新羅釋慧超　同右

慈覺大師在唐送進錄　日本釋圓仁　同右

入唐求法巡禮行記　同右　文海出版社影印本

智證大師請來目錄　日本釋圓珍　大正新編大藏經本

三國史記　金富藏等　韓國先進文化社

三國遺事　朝鮮釋一然　日本大正十年京都帝國大學文學部影印明正德本

日本書紀　日本安麻呂　日本寬文九年刋本

西域南海史地考證譯叢　馮承鈞譯　商務印書館人人文庫

交廣印度兩道考　馮承鈞譯伯希和著　商務印書館出版

唐宋貿易港研究　日本桑原騭藏著　楊鍊譯　同右

中國阿拉伯海上交通史　同右　馮攸譯　同右

中國音樂史　日本田邊尚雄著

陳清泉譯　同右

唐宋時代の交通と地誌地圖の研究
日本清山定雄　吉川弘文館印行

唐代音樂史的研究　日本岸邊成雄著
梁在平、黃志炯譯　臺灣中華書局出版

遺唐使　日本森巴克　至文堂出版

唐令拾遺　日本仁井田陞　東方文化學院東京研究所出版

中國歷史地圖　日本箭內亙著　三人行出版社譯

中日交通史　日本木宮泰彥著
陳捷譯　商務印書館萬有文庫二集

唐代文獻叢考　萬斯年編譯　商務印書館

長安與洛陽　日本平岡武夫
楊勵三譯

唐代詩人列傳　日本小川環樹
馮作民譯　星光出版社出版

唐代の散文作家　日本平岡武夫　京都大學人文科學研究所出版
唐代の行政地理　同右　同右
日本佛敎史　橋川正　平樂寺書店出版
韓國史大觀　李丙燾撰 許宇成譯　正中書局出版

參考論文篇目

唐代華化蕃胡考　馮承鈞　東方雜誌二十七卷七期
中國文化東漸考　王輯五　史學集刋四期
柘枝舞小考　五溪生　北平淸華周刋三十七卷十二期
唐代文化之東漸與日本文明之開發　賀昌群　文史雜誌一卷十二期
唐代南海貿易誌　韓振華　福建文化二卷三期
日本空海入唐求法記　梁繩禕　國學叢刋第八、九册
唐贈潞州大都督晁衡傳　同右　國學叢刋第十二册
全唐詩之來源及其遺佚考　朱希祖　文史雜誌三卷九、十期
唐代文化約論　嚴耕望　大陸雜誌四卷八期
唐代佛敎之地理分佈　同右　民主評論四卷二十四期

唐代國內交通與都市	同右	大陸雜誌八卷四期
唐代中國和亞洲各族的文化交流	方循	歷史教學一九五六年三月
唐蘇思朂墓壁畫樂舞圖	熊培庚	文物一九六〇年八、九月合刋
閻立本職貢圖	李霖燦	大陸雜誌十二卷二期
新羅留學生與僧徒	嚴耕望	中央研究院史語所集刋外編第四種
隋唐時代于闐祖籍之父子畫家	莊申	同右
唐代覆面和胡部新聲		文物一九六一年六月
唐代夷夏觀念的演變	傅樂成	大陸雜誌二十五卷八期
唐詩的傳播於韓國	羅香林	東方雜誌復刋一卷四期
隋唐文化東流高潮考略	甘家馨	聯合書院學報第二期
唐代起用外族人士的研究	邱添生	大陸雜誌三十八卷四期
張籍年譜	羅聯添	大陸雜誌二十五卷四、五、六期
唐司空圖事蹟繫年	同右	大陸雜誌三十九卷十一期
賈島年譜	同右	文文哲學報第一期
唐代的官學行政	高明士	大陸雜誌三十七卷十一、十二期合刋

唐代文化對日本平安文壇之影響　林文月　文史哲學報
唐章懷太子墓發掘簡報　文物一九七二年七月
樂府雜錄箋訂　洪惟助　中華學苑十二、十三期
隋唐時代西域人華化考　桑原騭藏著
何建民譯　國立武漢大學文哲季刊五卷一、二、三期
隋唐時代流入中國之伊朗文化　石田幹之助著
何懋堂譯　反攻三〇七期
日唐交涉餘話　栗原明信著
張良澤譯　大陸雜誌四十卷五期
阿部仲麻呂に對すら評論　杉本直治郎　史學研究九卷二號